100 IDEAs for Secondary Teachers

Outstanding Lessons

杰出的教学

给中学教师的100个创意

[英] 罗斯·莫里森·麦吉尔
Ross Morrison McGill

中国青年出版社
CHINA YOUTH PRESS
中青文传媒

图书在版编目(CIP)数据

给中学教师的100个创意：杰出的教学 /（英）麦吉尔著；张婷译.
—北京：中国青年出版社，2014.10
书名原文：100 ideas for secondary teachers: outstanding lessons
ISBN 978-7-5153-2792-1
Ⅰ.①给… Ⅱ.①麦… ②张… Ⅲ.①课堂教学－教学法－中学 Ⅳ.①G632.421
中国版本图书馆CIP数据核字（2014）第219706号

给中学教师的 100 个创意：杰出的教学

作　　者：［英］罗斯·莫里森·麦吉尔
译　　者：张　婷
策划编辑：龙彬彬
责任编辑：孙雪蕾
美术编辑：李　甦
出　　版：中国青年出版社
发　　行：北京中青文文化传媒有限公司
电　　话：010-65511270/65516873
公司网址：www.cyb.com.cn
购书网址：zqwts.tmall.com　www.diyijie.com
制　　作：中青文制作中心
印　　刷：北京中科印刷有限公司
版　　次：2015 年 3 月第 1 版
印　　次：2015 年 3 月第 1 次印刷
开　　本：787 × 1092　1/32
字　　数：100 千字
印　　张：7.5
京权图字：01-2014-3987
书　　号：ISBN 978-7-5153-2792-1
定　　价：29.90 元

目录
Contents

009 序　言

011 如何使用本书

013 第一部分　课堂开始 5 分钟

创意 1　简短的开场 / 014

创意 2　开场白 / 016

创意 3　小白板，大作用 / 018

创意 4　例程 / 020

创意 5　周一早晨小魔咒 / 022

创意 6　会说话的表情 / 024

创意 7　混乱的走廊 / 026

创意 8　放出诱饵 / 028

031 第二部分　课程计划

创意 9　5分钟快速做出课程计划 / 032

创意 10 最聪明的打分方法 / 035
创意 11 读写要正确 / 037
创意 12 数字的概念 / 039
创意 13 别忘了酸黄瓜 / 041
创意 14 见面、打招呼、下课、放学 / 043
创意 15 上课切忌喝东西 / 045
创意 16 教学七步走 / 047
创意 17 铃声为谁响起 / 050
创意 18 三好原则 / 052

055 第三部分 课堂实时评估

创意 19 学科间的融会贯通 / 056
创意 20 5分钟快速打分计划（一）/ 058
创意 21 不断修改 / 060
创意 22 自信的学徒 / 063
创意 23 危险的税收 / 065
创意 24 香蕉 / 067
创意 25 布鲁姆便利贴 / 069
创意 26 可观察的学习成果结构 / 071
创意 27 好好做测验 / 073
创意 28 5分钟快速打分计划（二）/ 075
创意 29 失败 / 077

079 第四部分 教学方式

创意 30 将助教列入教学计划 / 080

创意 31 我是独一无二的 / 082

创意 32 跳出传统思维的禁锢 / 084

创意 33 游戏、设置和匹配 / 086

创意 34 完美的音高 / 088

创意 35 什么？我吗 / 090

创意 36 时刻保持警惕 / 092

创意 37 说出你的故事 / 094

创意 38 情感过山车 / 096

创意 39 那么，如果这样呢 / 098

101 第五部分 行为管理

创意 40 注重细节 / 102

创意 41 黄金定律 / 104

创意 42 保持甜美微笑 / 106

创意 43 环环相扣 / 108

创意 44 用故事抓住学生的注意力 / 110

创意 45 我有毕业证 / 112

创意 46 行为教学：“做什么” / 114

创意 47 行为管理：“为什么” / 116

创意 48 以身作则：“怎么做” / 118

创意 49 支持行为："如果" / 120
创意 50 整理领带 / 122

125 第六部分 课后作业

创意 51 每一课，每一天 / 126
创意 52 大错特错 / 128
创意 53 这次不一样 / 130
创意 54 过期不候 / 132
创意 55 大声说出来 / 134
创意 56 外卖作业 / 136
创意 57 上网来布置作业 / 138
创意 58 让学生主导作业 / 139
创意 59 处变不惊 / 141

143 第七部分 如何提问

创意 60 定向练习 / 144
创意 61 一展身手 / 147
创意 62 那么，我刚才都让你们干什么了 / 151
创意 63 提问，停顿，单个提问，继续提问 / 153
创意 64 提问，还是不提问 / 155
创意 65 学机器人说话 / 157

159 第八部分 听 课

创意 66 老师少说话 / 160

创意 67 学生代课 / 162
创意 68 思维转换 / 164
创意 69 涟漪效应 / 166
创意 70 思考—讨论—交流 / 168
创意 71 唯进步论 / 170
创意 72 三位一体评价法 / 172
创意 73 引人入胜 / 174
创意 74 敞开教室的门 / 176

179 第九部分 进 步

创意 75 盖大厦的砖 / 180
创意 76 快速进步 / 182
创意 77 提高效果，不要去证明进步 /184

187 第十部分 勇于尝试

创意 78 学生见面会 / 188
创意 79 从教学法上看 / 190
创意 80 呼 吸 / 192
创意 81 勇敢出击，静候佳音 / 194
创意 82 即兴教学日 / 196
创意 83 形象化 / 198

201 第十一部分 课堂的尾声

创意 84 时间填充 / 202

创意 85 对抗疲惫 / 204
创意 86 5分钟课堂评估 / 206
创意 87 学生黏性 / 208

209 第十二部分 拉下帷幕小策略

创意 88 嘘——致命错误 / 210
创意 89 严厉的爱 / 212
创意 90 MINT教学法 / 214
创意 91 KISS原则 / 216
创意 92 四四分组 / 218
创意 93 保持镇定 / 220

223 第十三部分 抽象创意

创意 94 别找借口 / 224
创意 95 请肃静 / 226
创意 96 漂流瓶中的信 / 228
创意 97 试试你的实力 / 230
创意 98 叫好又叫座 / 233
创意 99 融会贯通 / 235
创意 100 为课堂教学发推特 / 237

序言
Foreword

现在，我们比以往任何时候都需要杰出的教育者们奋斗在教学一线。只有优秀的老师才能激励下一代老师。我的启蒙老师保罗·博迪先生（弗利特伍德中学），是他让我从18岁起就对教学产生了浓厚的兴趣！走上教育这条路是我今生做出的最明智的决定。

这本书可以说是我教学的“葵花宝典”。现在我将这部宝典一页页地展开，与你一同分享！书中的创意观点含金量极高，我相信您一定会从中找到许多适合自己的教学方法。

本书内容简单实用，既可拿来使用，也可深入研究阅读。书中许多创意经过了层层筛选，都是精华展现。您只需在上课前花5分钟，就可以学会其中的一个教学方法，甚至还有些小创意根本不需要做详细计划就可以轻松掌握。我认为，对于那些备课时间紧迫的老师来说，本书绝对是独一无二的最佳选择。

本书按照教学类型及教学话题分类，便于读者查询阅读。各个章节精心编排，符合“杰出”教学的最新标准。

我审慎地挑选了一些优秀的老师与我共同合作，有些是面对面，有些是通过互联网。因此，我强烈建议即刻放下手中的书，快去查查这些优秀的老师到底是何方神圣。看到读者采用这些创意并付诸实践，对我来说具有深远的意义。

最后我想说，“条条大路通卓越。”老师们，努力吧！

罗斯

如何使用本书

How to use this book

本书中的创意观点简单实用，可供读者随时翻阅浏览，让您的教学迈上新的台阶，从“不错”走向“杰出”。

每条创意都包括以下内容：

• 吸引眼球的题目，便于读者查找和分享。

• 题记——选自英国教育标准办公室（Ofsted）听课规范，用于观察“杰出”教学，或者是一段妙趣横生的引语！

• 粗体的创意总结，便于读者翻阅，快速查找需要的创意观点。

• 实施创意的步骤。

部分创意后附主题标签，便于读者

教学小贴士

关于如何开展或结束活动，以及为创意的使用提出一些建议。

进阶练习

给读者提出建议，将创意进一步深化。或许，这样会延长掌握技能的时间，却能够进一步丰富创意。如果您选择一试，那么请通过100个创意主题与我们分享你的成果。

实时上网查找相同创意使用者，共同讨论并改进相关创意。给读者足够的空间与他人继续讨论、改进每条创意。

锦囊妙计 ★

有些课程中会有“意外惊喜”。对于这部分内容，我分享得很巧妙，否则在网上我就没什么内容能吸引你了。

课堂开始 5分钟

Starts of lessons

Part 1
第一部分

简短的开场

杰出的教学要有准确的判断，老师要经常使用充满创意的教学方法。

简短的开场十分重要，这为本堂课奠定了一个良好的基础。能帮助老师从一开始就吸引学生的注意力，达到理想的教学效果。

我建议您在半学期的时间里只使用五种课堂开场方法。每周使用一个新的开场，并针对不同的话题来做相应调整。

- **扔雪球**——拼写测验；将一个纸团扔向全班，落下后打开，改正上面的拼写错误，再加上一个单词，然后继续扔纸团。
- **破坏/修理**——在桌子上放一个课本、物品或是一个课题。请同学上台进行修理。
- **展示图片**——让同学们讨论或者猜图片中的人物、图片内容，并分析原因。
- **拼图游戏**——将刚刚的图片做成拼图，请同学们将其拼好。详见网址

教学小贴士

Triptico中的投票系统特别适合教学使用。它能在一个彩色饼状图中显示答案，及时给出反馈。您可以按照需要设计投票内容，更改问题内容和选项数量。这项特别的Triptico的明星功能可以应用于课堂全过程，不但能带动整个班级，还能为某组学生设置差异化的问题，不但可以临时就某些想法提问，还能了解大家对时事动态的看法。

www.jigsawplanet.com或www.puzz-it.com。

- **潘多拉宝盒**——盒中装有神秘的内容和线索。

Triptico是我在开场时最喜欢用的工具，它是一个简单的桌面应用程序，拥有大量的交互式学习资源。由大卫·里雷设计开发。老师可对Triptico做相应调整，来满足不同教学内容、年级和难度的需要。您也可以关注一些教育网站上的资源，包括：团队得分；单词磁贴；定时器和倒计时器；分组和问题选择器。通过有趣的教学设计和引人入胜的教学内容，它会帮助您将无聊的课堂变得妙趣横生。

开场白

拿出笔！

在学生走进教室的时候，您就应该下达指令，立即吸引学生注意力，让大家完成简单、具体的任务。

我经常在教室门外下达指令。并不是当着全班同学面这样做，而是在门口对每个进入教室的同学说。这不仅能够表示欢迎，或重走一遍上节课的流程，还能够确保每个同学都听到指示并照着去做。指令的内容应当简短易做，这样不论接下来发生什么，在上课之前的第一个任务都能够顺利完成。通常可以是一些很温和的指示，很容易听懂，再借助视觉提示就能够让学生更快地就坐，更快地整理完书包、衣服、记事本，并放好笔袋、拿出书本！指令可以像“拿出笔”这样简单。这样一来，就可以立即进入正题了。

进阶练习

试着采取一些方法，不用通过口头指令就能让学生进入上课状态。让上课前5分钟变成无声电影，学生安静入座。尽量让学生们在你的课上能安静自觉地进入状态。

我最常用的开场语：

1. 拿出铅笔（钢笔）!

2. 准备好，我们要上课了！

3. 我要告诉你们一个秘密！

4. 阅读，思考，写作，分享。

5. 我要挑战你……

创意
3

小白板，大作用

我甚至还缝了一块白板在我的围裙上！

多功能、多用途、携带方便，迷你白板流行起来。

当下，你会发现在学校里到处都是迷你白板。不论是在学生的记事本中，还是老师的计划表中，随处可见；每班都有一套A4大小的白板，学生人手一个，放在讲台旁边的塑料盒里面。白板真的是无处不在！

在迷你白板风靡学校之前，我在许多年前就是一个“白板王”！我就是板不离手，在我教室门上钉着一个，在我的老师计划后面也有一个，至于我的办公室那就更不用说了，我甚至还缝了一块白板在我工作时穿的围裙上！迷你白板到了老师的手中，用途可谓十分广泛，下面仅列出其中三条：

教学小贴士

如果你找笔和板擦的时间过长，那么使用迷你白板就失去了其即时性的效果。因此，老师可以将所需工具用线串起来，使用方便，节省时间！

1. 为全班提供示范，写上关键词或数字。

2. 写上关键提示语。例如，还剩3分钟；班会时间；两人一组合作；上交反馈；调查研究，等等。

3. 迷你白板还可以有针对性地一对一或者以小组的形式帮助学生解决问题。这样就无须打断全班同学，保证了课堂的流畅性。

进阶练习

在上课之前，与学生打招呼时，请将开场白的第一个字写到迷你白板上。这样就可以让老师避免一遍遍地大声重复所说的话，不至于让学生感到一头雾水，也不至于为此而批评学生。同时，这样做还可以锻炼学生的理解和读写能力。

例程

无处不在的例程。

教学需要有清晰的例程。请您时刻记住：例程，例程，例程！

例程的第一步就是从教室外开始。让学生在上课前有所期待是关键。站起来！去教室门口迎接你的学生吧！与他们进行简单的交流：你好，欢迎。这些都能够营造积极的课堂氛围，达到更好的教学效果。细心地观察，并倾听学生之间的聊天能够帮助你了解如何进行杰出的教学，从在外站队，到开展同侪评价和团队表演等班级活动。如果学生每堂课都能这样度过，那他们将对你的课堂充满期待。

课前例程：

- 准时上课。
- 在教室门口欢迎学生。

教学小贴士

我经常对学生说，我觉得自己就是个复读机，特别是当我在一遍遍提出要求，重复例程的时候。其实，可以考虑把关键词或者符号写在墙上，这样就不用再面红耳赤地不断重复指示内容了。这不仅可以少说话，还可以直接指给学生看。

- 一只脚站在门里，一只脚站在门外。

- 要交流！与每位学生打招呼，像“欢迎”一样简单的语言，都可营造出意想不到的积极氛围。

- 如果学生在进教室时嬉笑打闹，那就重新做一遍！

- 要敢于一遍遍重复简单的步骤，最终让它们变成标准规范。要在这些细节处下功夫。

周一早晨小魔咒

当你微笑的时候，全世界陪你一起微笑……但当你哭泣的时候，你带来了雨，别再叹息，重拾快乐！

不管是周一的早上还是周五的下午，你都应当微笑地面对。借鉴下我的周一早晨小魔咒，今天保持微笑吧！

上面的歌词写得真是太对了。我要不断挑战自己，让自己每周一早晨第一节课都能微笑面对学生们。不管你情绪是好是坏，学生们都能本能地感觉到。而且我知道，很可能周一时我的积极性比周五差很多！不管我在周日晚上用什么办法，第二天上课的时候总是睡眼惺忪的。因此，我发明了一套周一早晨小魔咒，给自己周一的教学开个好头！

- 音乐会起到奇妙的作用。跳跃的节奏能够调动你学习的兴趣。
- 新颖的想法不一定是全新的。只要保证思路连贯即可。
- 说话声大小和音调高低，对于活

进阶练习

我建议您将这个方法与同事们一同分享！下次当他们抱怨学生不好管的时候，告诉他们笑一笑都会过去的。

跃或者安静的教学来说都很重要。

• 切忌使用打消学生积极性的教学方法。避免考试、抄写和小测验!

• 保持微笑。不论你多么劳累或者心情多么不好，只要一笑就可以解千愁，或许还能够改变学生的看法。

我可以！遇到问题时，挑战自己，直面问题。久而久之，这会让你和你的学生变得勇于接受更多的挑战。

会说话的表情

我能用面部表情表达各种情感。最常用的是我的眉毛!

请站到镜子前面做出生气或者凝视的样子，你知道，这样的表情能够让学生停止打闹，安静下来。

让你的课堂有一个引人入胜的开头。你可以先对全班说，“我本不想告诉你们这个，因为我不知道现在该不该说，但是……”然后向全班展示有趣的图片，播放电影，拿出个新道具，或者任何和本课有关的能引起讨论的东西。让你的表情来说话吧。

我十分确信，教学可以有很大的感染力。在生活中，如果你是一个表情丰富、魅力十足的人，那么你就能感染学生。在闷热烦躁的周五下午，如何让一屋子吵闹的学生们安静下来？你观察过你的同事是如何做到的吗？我就仔细观察过。诀窍就是吸引全班注意。但是，如何能

进阶练习

请一位戏剧方面的老师来帮你组织一次角色扮演。请他到你的班级，给你或你的班级提一些意见和建议。或者，你还可以去戏剧系，学习他们的教学方法。他们是如何通过声音、肢体和面部表情来传递信息，吸引学生注意的?

做到这点，用于自己的教学中呢？下次，当你再次遇到这种情况时，要仔细观察那位老师的面部表情。观察他的眼神；他的眉毛；他说话时的措辞、肢体语言、站位和移动路线。你都发现了什么？

试着把这些小诀窍用到你的教学中去，让你的课堂有个顺利的开场！

混乱的走廊

除了不守纪律的学生以外，你还要防止声音、味道以及其他看不见的因素影响你的课堂。

面对喧闹的走廊，你根本不用扯着嗓子喊“安静”！你只要拿出一块小白板、一支笔和一个小奖品就够了。给学生出一道简单的题目，答对有奖。

如果你养成了欢迎同学进教室的习惯，那你一定知道自己需要站在教室门口。不幸的是，你或许还会发现一件事情，那就是那些教室外潜藏的危机：吵闹、幽闭的走廊，嘈杂的对话声、刺耳的铃声和奇怪的气味。还有许许多多其他的不良因素，都能够轻易地扩散到教室中，影响学生的情绪，破坏课堂气氛。毫无疑问，能否处理好这些外界干扰因素会直接影响你的课堂开场质量！是好是坏，成败在此一举。

以下是五个不错的建议，帮助你解决这个问题：

教学小贴士

在学生站队的时候，老师可在教室外面做些吸引人的表演，并要隔段时间换些新的内容。新颖有趣的图片，再配上相应的问题通常是吸引学生注意的好方法（更重要的是，让他们安静下来）。

1. 军旗敬礼分列式！动作要标准，绝对军事化要求。要求学生保持安静，并一直保持肩膀靠在墙上。拿出本和笔。脱下外套。在巡查时对每个学生都强调一遍。

2. 可试着在不同的地方见你的学生。

3. 在学生排队时，说些话来吸引他们的注意。

4. 角色扮演。穿上有特色的服装或者假装成另一个人。

5. 不要总站在队伍最前方。可选择站在队伍中间。手里可拿一些东西来吸引学生注意。

放出诱饵

最保险的方式就是进行学习讨论。

你是否有时会感到不知所措？是否因为学生而大动肝火？试试在刚上课时用不一样的方式去吸引学生吧。来一个生动有趣的开场！

不论何时，你都需要尽一切可能去制造“诱饵”，吸引学生的注意力。这个诱饵可以是任何与学习有关的新颖小点子。在教室里进行学习讨论的最佳方式就是将主动权交给学生，让学生自主地解决问题。其他方法如下：

- 可邀请其他老师。该老师应有足够的特点，比如说以严厉著称。并提前为本课计划出一段简短的戏剧。此部分可请戏剧方面的老师或志愿者来帮忙。
- 给学生分配不同的角色。比如，侦探、政治家，甚至还可以是老师！
- 在学生进入教室之前，在交互式白板上放一张能引起思考的图片。并在

教学小贴士

此类活动需要经过精心设计。不论你最后决定如何做，要时刻记住的是学生自始至终都需要进行自我探索、自我学习。不论如何，在开始时老师都不要说话，而是要给学生创造自主学习的机会。

旁边写上问题，让学生看到后自动进入状态。问题可以是：为什么这张图片会让你感到悲伤？像这样，老师可用图片来引导学生进行讨论。

- 拿出一些东西吸引学生注意。例如，一个拼图、一些闪卡或者一张寻宝图。

- 用胶带在地上贴出你身体的轮廓（这里你需要帮手），并留下学习线索，在旁边编号标记。

进阶练习

在最开始时，老师要提前说出要求。告诉学生你只会回答“是的”或“不是”。这会让学生产生兴趣，想要提出问题，愿意自主学习，勇于尝试。

课程计划

Planning

Part 2
第二部分

5分钟快速做出课程计划

没错！你真的可以在5分钟内做出课程计划！

不管是打印还是手写，不妨来花5分钟做个教案，踏上你的杰出教学之路。

本课的5分钟课程计划不仅能够帮你节省时间，还能够提高您的课程计划和教学质量。它还能帮助你关注课程中的重点要素，让整个计划有理有序地进行，提高您的潜力，帮您迈向杰出教学。

模板简单实用，您可以在任何有需要的情况下使用。我本人就在许多正式公开课上用过此方法，甚至在未经准备的情况下，接受教育部检查时，也用了这个模板，并取得理想效果。同时，该方法在培训新老师或帮助人们自我提高时，也都很奏效。这个模板很受欢迎。最近，甚至在英国教育部的一篇报道中也提及这个方法！

您可以设计适合您的5分钟课程计划模板。下面是对它进行的简单介绍。

进阶练习

如果你想深入学习该部分，可继续参看创意观点86。那是一个5分钟教学评估方案，可帮助你进一步评估你的教学方案和教学质量。

操作流程：

1. **大致的框架**：如何把这一课融入你的工作方案当中？你的学生在上课之前已经掌握了哪些相关知识？用30秒的时间构思这节课！

2. **确定目标**：本课的教学目标是什么？请试着给课程设定两个不同级别的目标。或许，也可以让你的学生来选择他们自己的目标。

3. **积极参与**：拿什么来吸引学生？你如何做才能自始至终让学生集中注意力？你的课堂即活跃又内容丰富吗？你所做的能调动学生积极性吗？虽然不是每堂课都需要，但一个引人入胜的故事经常是必不可少的！

4. **留下记忆**：在课堂结束后，学生会记住多少？你想让学生记住的重点有哪些？

5. **评估中学习**：如何评估学生在课堂上掌握了多少，并据此去进一步引导他们呢？你打算用哪种评估中学习方法？设计几种不同的评估中学习方法，帮助学生

锦囊妙计 ★

给学生一份A3大小的五分钟课程计划复印板，让学生自己设计课程。你或许需要对一些标题进行调整，以便适应学校或课题的内容要求。

了解自己的进度。

6. **关键词**：关键词在这里的作用不可小觑。要鼓励学生大声朗读课程目标。挑出其中的关键词，并加以解释。借助一些方法来拆分每个词的语音，并让学生多看几遍来记住它们。想想哪些关键词是你希望学生们掌握的。这能提高学生的读写能力。

7. **区别教学**：要根据学生类别不同来设计不同的教学活动。哪些是针对优等生的，哪些是给有特殊教育需要的学生的，哪些适合有缺陷的学生，此外，还要照顾到母语非本土语言的学生。活动是针对哪个群体的？他们需要做什么？何时做？你是否根据这些做出了相应的座位安排？

8. **分段式教学**：从上课到下课，整个教学流程是怎样的？老师应尽量多给学生机会，让他们自主学习。

千万别害羞。从今天开始就使用它吧。如果你够勇敢，也可以将你的课程计划照下来，发到网上，供其他老师使用或批评指正。

最聪明的打分方法

做了什么？为何这么做？如何做的？

时间减少了，质量却提高了。这样真的可以吗？把下面的方法教给你的学生，让他们在打分和教学反馈方面变得更加得心应手，节约更多的时间吧。

为了让学生更好地了解自己的学习程度，我将这个简单的问答方法用到教学反馈当中。学生只需要3分钟的时间，回答三个问题："都做了什么？为何这么做？又是如何做的。"我通常让学生自己随手画出对话框，将这部分写在书上。以下是我推荐的五种打分方法：

1. 在你的教学过程中和学生的反馈当中，要一直用"做了什么？为何这么做？如何做的"这三个问题。

2. 在每份作业后面，老师一般都会写评语。要确保你的评语有针对性，指出学生的不足之处，加以改进。可使用一套速记符号，减少不必要的重复性评

教学小贴士

做了什么？为何这么做？如何做的？这三个问题是个不错的办法，能够帮助你快速、直观地看到学生的掌握情况，及时得到教学反馈。同时，这种方法对学生来说也很方便。在班级讨论时，让学生参考自己书上写的对话框。这种方法甚至可以让最不敢发言的孩子也能积极参与到其中。

锦囊妙计 ★

我在班里放了一支巨大的钢笔。每堂课，用它来奖励评估做得最好的学生。我们经常为此办一个像奥斯卡那样的颁奖仪式。借此让全班同学都向获奖同学学习。

语。例如，WWH（What？Why？How？）；IO（Improvements Only）；TAG（Targets And Goals）；EBI（Even Better If）。

3. 优秀的反馈包括老师的针对性评语，以及学生在旁边写下的二次改稿。或者也可以是学生对自己作业的进一步思考，或是对老师评估的意见。

4. 可以小组合作。甲学生可与乙学生分享自己的作业，乙学生来记录甲学生的教学反馈。

5. 让学生重新修改自己的作业两到三遍。可以明显地看到，随着遍数的增多，需要改进的地方越来越少。

读写要正确

虽然我不是一位语言老师，但身为老师，我有责任让我的每个字都读写正确。

每堂课重点讲解一个关键词（重在质量，而非数量），找出它的定义、发音、形近字和历史起源。你甚至可以找出一些相关的名人名言。在每堂课上，至少告诉学生这些内容一次。

据我观察，有许多老师在课堂上教授五个，甚至十个关键词。而随着教学的深入，学生往往记不住这么多，效果并不理想。我虽然不是语言老师，但我仍然知道，作为一名老师，我有责任去确保每个单词的拼写、发音和概念都是准确无误的。下面是我提出的几条简单实用的小建议。

1. 只选一个关键词，对其进行深入研究。初中毕业考试和高中课程中的单词可以教授给初一、初二的学生。例如，单词“人体测量学”可以拆成“人体学”和“测量学”两部分。然后，分别对这

教学小贴士

老师要确保在自己完全掌握该单词后再教给学生。你在看报纸的时候需要查字典吗？你知道“白热化”“稀少”和“昙花一现”都是什么意思吗？快查查字典吧！你可以将关键词照下来传到网上，要求这个词是你上课讲过的，并被学生吸收的关键词。当然，这个词也不可以太简单了！

创意11

进阶练习

可将学习和关键词用于扩展活动当中。让学生用当天学的关键词写一首诗或者一个短篇故事。

两部分进行解释。

2. 在班级里设置一个专门地方来展示关键词。让学生在书后整理积累这些关键词。

3. 每堂课都用一段时间来教授这些关键词，并将它们写在白板上。

4. 让学生先彻底掌握他们的课题中的一个关键词，学会发音，明确定义，之后再回教室。

5. 在班里至少放一本字典。老师亲自朗读。每堂课选取一个字母和一个单词与全班分享，并给出概念。

数字的概念

约翰·冯·诺伊曼曾说过，“如果人们认为数学不简单，那是因为他们还没有意识到生活的复杂。”

我们经常觉得很难把数学融入其他学科当中。本课给出了几个不错的小技巧。

大多数非数学老师对于将数字融入课程计划和课堂中感到头疼不已。数学同语文一样，都是无处不在的。随着对课程的评估增多以及老师水平的提高，将数学融入其他学科不再那么困难。

在每堂课开始时，将数学融入课堂开场中，正如教授关键词那样。例如，如果学生今天学的是1066年的黑斯廷斯战役的话，你可以问问学生，这个年代距今有多少年了。

其他方法包括：

• 在班里强调算术的重要性。要求所有学生在书后记录下来有关数字。例如，记录各种测量数据、重量、时间、

锦囊妙计 ★

玩过跳房子的游戏吗？你可以在班级地上画一个“跳房子”计算器。可用粉笔或胶带在地上勾勒出图形。然后，让学生跳到相应数字上面。尽情玩吧！

日期和时期。

- 可借助白板进行计算。并在课堂上专门拿出一定时间来进行数学计算。

- 让学生先找出他们的课题中有哪些和计算问题有关，再回教室。

- 在班里放一个计算器。鼓励学生在测量、计算、制图、涉及图形或分数时掌握计算器基本使用方法。

别忘了酸黄瓜

明明没有人喜欢酸黄瓜，为何还要把它放进汉堡呢？

“酸黄瓜教学”包括高、中、低三个阶段。这看起来很矛盾，但我喜欢在汉堡里面放一两片酸黄瓜。今天，就试试在你的汉堡课堂里面加几片酸黄瓜吧，一定会有别样的味道！

在吃汉堡的时候，一旦吃到酸黄瓜，我就会很开心。因为我喜欢这样！同样，在教学中，酸黄瓜就是你课堂中某一令人兴奋的时刻。那种激动人心的时刻是十分难得的。对我来说，酸黄瓜那奇怪的味道能让我全身颤抖。放到教学里，就是在你知道你的计划或你的课堂正在走向杰出的那一刻！例如，学生在学习时，突然想明白了一个问题；或者你突然想起你从事教育行业的原因，这时你不禁会起一身鸡皮疙瘩。

如果这些没有酸黄瓜时刻，你从事教育行业的初衷很可能就在不知不觉中丢失了。我们在网上做过一项非正式的

进阶练习

买一些纸盘，让学生安排下一堂课，分配好时间并写下上课内容。老师要提前强调酸黄瓜时刻。

调查，发现全英国的老师在课堂计划方面，认为如下几条是最重要的：

- 了解班里的每一个学生。包括他们的姓名、相关信息和成长背景。
- 学生黏性（Stickability）。哪些内容是你需要学生记住的？参见创意87。
- 适应性。多用真实的生活场景和例子。
- 一支笔和5分钟课堂计划。参见创意9。

在你做课堂计划的时候，要记住把以上内容考虑进去，让全班同学都有一个酸黄瓜瞬间。

见面、打招呼、下课、放学

一只脚站在教室里，一只脚站在教室外。

“见面、打招呼、下课、放学”是个简单易用的方法，可在学生出入教室时在门口与他们打招呼，让学生有良好的精神状态。

对比一下，当你在上课和下课时都坐在讲台旁和站在教室门口（一只脚站在门里，一只脚站在门外），教室气氛有何不同？上下课方式不同对课堂气氛有很大的影响吗？答案是肯定的！

反复重复这一过程，并让其成为你的惯例。这样在开始上课或下课时，学生都能保持安静，有序出入。这也会对整个学校带来积极的影响。因为每到上下课的时候，各班老师都会站在门口，举止得体，准时准点，还能保证高水平的教学质量。当然，这是个不错的运动，让老师们时不时地离开椅子，站起来活动活动！你可以动动脑筋，想出4条“见

教学小贴士

你可在教学计划当中用一个符号来提醒自己。

面和打招呼”的惯例吧。以下是一些关于“下课和放学”时要注意的细节：

- 准时下课：下课时老师站在门口，一只脚站在教室门内，一只站在门外。

- 招手并说再见：对学生说“下节课再见”。

- 在学生出教室时，说些激励他们的话。确保学生安静有序走出教室。

让学生知道你上课和下课的特点，将其作为课堂惯例。

上课切忌喝东西

我有些守旧，因为我受到的都是高强度、军人般的训练。

上课的时候请把手中的茶杯放下，把注意力放在你的学生身上！

我知道这个观点可能引起争议，甚至不被人们所接受。但如果下次你看到教室里有一杯茶的话，请再三考虑我说的话。我并不是说为了达到杰出教学，老师必须滴水不沾。我只是对专业性和实践性提出问题。

为什么我们不能在教室里面喝茶？原因如下：

• 如果你上课的时候喝了一杯茶，你真的把你所有的注意力都放到学生身上了吗？教学时，如果老师不倾入足够的注意力，则可说是不够专业。

• 专业的标准。你能接受学生在你的课堂上喝热巧克力吗？

教学小贴士

你可以说我老套，但你绝对不会在我的班里找到一个水壶！喝茶只限于休息时间和午餐时间。约束好自己，在班里只放一瓶水吧。还要记住，这样做才能让你走向杰出教学。

- 万一出了什么意外呢？万一你的杯子倒了，烫到了自己或者你的学生呢？万一你的饮料洒在了键盘上了呢？或者弄脏了教科书或学生的练习本呢？

- 你是否想过，要是有领导来听课怎么办？我们应该把每堂课都当成有人在旁边听课一样。你见过别的老师在上课的时候手里还拿着喝的吗？那样看起来很别扭。

教学七步走

让知识在我们的脑中变得有意义，有条理。

借助本课的教学七步走，让你的教学计划更高效吧。教学七步走是指在教学过程中的七个步骤：摸底、参与、探索、解释、详述、扩展、评估。

教学七步走的灵感来自于构成主义、七步走教学模板（Lawson1995，Kanli，2007）。作为一线老师，我一直以来都在寻找能够帮助老师提高教学计划效率的方法。本课的七步走是一个简单的教学计划流程模板，能够帮助老师快速地做好教学安排。这里面还包括在教学评估时必不可少的加分重点。

构成主义方法是七步走的基础，也是一个完整的教学过程，帮助学习者在脑海中厘清知识脉络。该方法注重教学环境。好的教学环境能够让学习者去主动地进行自主学习，或通过讨论来学习知识。在不断地学习与探索的过程当中，学生会在已掌握知识的基础之上学习新的知识。

七步走教学模板重点研究如何通过教学来改善学习活动的顺序或经历。根据七步走教学模板来看，每个人在进入学习环境之前都有自己原有的知识储备，而新知识的学习就建立于这一储备之上。

1. 摸底：学生在学习新知识前已经知道了多少？可借助快速测验、便利贴、迷你白板、红绿灯等有趣的方式来进行检测。这样做可以快速检查出理解有问题的地方。

2. 参与：如何让这堂课变得有趣？在这一阶段，要想在内容上多加些有趣并能够引起学生好奇的因素，你需要多问问自己这样的问题。

3. 探索：学生在课堂上能学到什么？应该多给学生机会，让他们通过小组合作来学习，而不是一直依靠老师。

4. 解释：在学习新概念的时候，老师应该告诉学生哪些内容？老师应当鼓励学生用自己的语言去解释概念和定义。

在告诉学生新名称、定义和理论之前，要问问他们对此的理解和阐述。

5. **详述**：学生如何做才能应用并展示新学的内容?

6. **扩展**：老师如何去鼓励学生在新环境中使用并扩展所学概念？在应用方面，学生不应拘泥于所学学科或知识，而应跳出学科限制。要善于归纳原理，广泛应用，触类旁通。

7. **评估**：学生已取得了多大的进步?评估应当包括学生的自我评估。

铃声为谁响起

时间就是一切。

把你的整堂课进行分解和简化，这样更有利于做教学计划。用5分钟来做开场活动和交代背景。整堂课所有的老师讲话、任务、提问环节加起来应为15分钟。35分钟用于主要的学生活动。下课前留出5分钟给学生整理书包和放学。

你是否有过这样的经历，或者听同事说过这样的话："这铃声是打给我听的，不是给你们听的。"这句话的背后暗含了什么？时间管理？准时下课？行为管理？然而，在我看来，一位在行为管理和教学计划方面做得都不错的老师，是不会说出这样的话的。对杰出的老师来说，时间就是一切。以下是几条针对教学时间管理的不错的建议。

1. 在班里的前后墙上挂两块钟，一块正对着老师，另一块正对着学生。老师的钟应当比学生的快5分钟，这样能够保证在下课之前有足够的富余时间给学生收拾书包，最后准时下课或放学。

2. 可下载Triptico或其他计时器到班级的电脑里。在桌上放一个能发出嘀嗒声音的表，让滴答声从白板的扬声器里播出来，从而保证课堂进度。

3. 一定要告诉学生活动预计所需时间。带着时间提醒器，并在需要的时候进行时间调整。如果你足够了解你的学生，那么你或许可以将时间管理做得更加精确。

4. 可借助煮蛋计时器来给某些环节计时，特别是在老师讲话的时候。

5. 如果你不能在下课铃响之前结束课程，就说明有些地方需要调整。如果你在规定的时间内讲不完，那就干脆把这部分去掉！

锦囊妙计 ★

我们学校已经不再使用下课铃了。这样能让老师更加注重时间的管理，并能够及时下课。为何不给你的学校也提提这样的建议呢？

三好原则

杰出=行为管理上的一套系统并始终如一的应用方案。

在拥有良好的行为管理之后，要想用更少的时间做出更好的教学计划，那就试试“三好”原则吧。

当三好原则的三个部分组合到一起时，就为杰出老师提供了一个简单实用的方案：好的教学计划=好的课堂教学=好的学习成果。就是这么简单！从中我们可以看出，好的计划在鼓励学生参与和培养学生行为习惯方面是多么的重要。

现在，让我们一起来探索翻转教学的含义吧。这一概念源自美国。1990年，哈佛大学马祖尔教授发现，“计算机辅助教学能帮助他用辅导代替讲课”。这一观点来自同侪教学法，其中包括“去除信息转移，将信息吸收引入教室”。

20年之后的今天，我们进入到另一个数字时代。今天，课程内容、考试成绩、

教学小贴士

使用这一简单模板中的任何方法都能让教学计划或学习成果更好地丰富课堂教学。而这才是最关键的地方，不是吗？为何不来试试呢？用本课的内容来改善你下一次的教学计划吧，让你的学生自己来设计他们的课程。

家庭作业以及教学都能够在网上完成。甚至可以在规定的教学安排之前、之中、之后任何时间完成。

因此，让我们也用同样的方法来使用三好原则吧。鼓励老师和学生吸收外界的信息，引入课堂。

好的课堂教学=好的学习成果=内容更丰富的好的教学计划

或者

好的学习成果=内容更丰富的好的教学计划=改进后的好的课堂教学

Part 3 第三部分

课堂实时评估

Assessment

学科间的融会贯通

良好的专业知识加上学科间的融会贯通，能让你的教学迈上一个台阶。

养成习惯，将每天在家里和学校发生的事情联系起来，融入你的教学计划当中，不受学科限制。这样学生能够将学科间的知识、技能和内容相互联系起来，做到融会贯通。

当与同事聊天时，多问问他们是怎么上课的。如果你是初中的美术老师，你需要了解学生在科学学科里学的内容，并尽可能地将二者联系起来。理想的跨学科活动还可以将有机体、细胞功能、生殖方式与素描相结合。

低端计划影响：

- 深入探究学生讨论内容，仔细观察学生的跨学科思维。
- 每天都将当日的报纸放在桌子上。
- 搜集其他学科的教科书。

中端计划影响：

- 在班级板报上贴上图片，将学科

教学小贴士

计划拿出一天让学生上台演讲，内容是展示两个学科相关性，并让两学科的老师来评估学生在跨学科方面的表现。

联系展示出来。可以贴报纸上的图片、杂志封面、商标，甚至是学校的校训。

• 挂出一张大的世界地图。这或许是找出事件发生地点的最简单、最便捷的方法。

高端计划影响：

• 收集其他学科资源，将其融入你的教学计划当中。

• 每周都向学生展示经过精心设计的方案，体现学科关联性。

锦囊妙计 ★

给学生留一系列作业。内容是关于对指定学科进行拓展性关联。作业需要独立完成，完成后上交。例如，第一周=数学；第二周=英语；第三周=科学。

5分钟快速打分计划（一）

加快你的打分速度！

重要的是，在做计划的阶段就要明确成功的标准。

教学小贴士

借助采分点来找出学生常犯的错误，并对他们理解不到位的地方给予及时的纠正。

采分点是整个5分钟打分计划的核心。对老师和学生来说，明确的教学指令和思路很重要，还有助于学生的参与，并能够让学生变得更加独立自主。采分点反映了老师和学生了解自己的程度。

给学生不同年级或层次的假作业（其他班级或者前几年的匿名作业），让学生自己去设计他们的采分点。比较下哪份作业更好，为什么？一旦老师和学生评定出“优秀的作业”，他们就能朝着这个方向去努力。打分是一项非常耗时并枯燥的工作，但一旦你有了清晰的打分标准，就会发现：

- 整个打分的速度加快了。

• 与采分点挂钩后，从反馈当中看到的信息更多了。不妨在每个采分点处标上相应分数，并在学生作业的末尾处写上总分，来代替“哪里做得好”或者“如果……就更好了”一类的评语。

• 在上交给老师打分之前，学生也可以对作业进行自我评估或者同侪互评。

创意
21

不断修改

不断地修改=不错的结果。

老师需要给学生口头或笔头上的反馈，这样学生才能知道自己的水平如何，以及哪些地方还能够改进。每堂课都做到这点并不容易。下面是几个不错的小建议。掌握了它们，你就能让所有的学生自觉地去阅读反馈，并进行反思和改进。

老师想要把修改作业当作一个学习过程来看的话，最简单的方法就是将每份作业当作草稿！在我所教的设计技术学科当中，我将这种方法自然地融入设计流程当中，让想法从萌芽逐步走向成熟。当老师让学生分步完成五个观点来帮助他们向前推理时，也是使用了这种方法！

以下是我推荐的五种“不断修改”的方法，能够帮助学生养成好的习惯。这并不是让学生去拖延或者偷懒，而是让学习过程循序渐进，让学生根据老师的反馈做出改进。

1. 设计你自己的简单颜色编码跟踪

教学小贴士

老师要根据学生座位、目前进度，以及学生学习程度来进行提前分组。不要上课时随机分组。一定要提前安排好！

系统，来观察学生的课堂作业。根据标记显示，爱作弊的比利在没有完成第一步的情况下，直接跳到了第二步。因此，他没有收到最初那步重要的老师反馈，没有按照步骤进行，也没有学到第一步中应得的知识。

尖子生凯恩

- 第一步：大致的构思——完成；
- 第二步：加工大致的构思——正在进行中。

偷工减料的艾哈迈德

- 第一步：大致的构思——正在进行中——落后进度。

作弊的比利

- 第一步：大致的构思——未完成；
- 第二步：加工大致的构思——正在进行中。

不断进步的娜菲莎

- 第一步：大致的构思——完成；
- 第二步：加工大致的构思——完成；
- 第三部：成型的构思——正在进行中。

进阶练习

老师也可以考虑给学生口头反馈，不一定非要将所有反馈都写下来。要养成这样的习惯，让学生根据相互联系的补充关键词重新组织语言给出答案，以证明其知识的吸收程度和进步。

锦囊妙计 ★

选两到三名同学充当新闻记者，负责向全班同学提出一系列问题。每个充当新闻记者的同学都有一个任务需要完成，或可选择秘密完成。例如，谁能说出第一稿作业和第二稿作业最大的不同之处？哪位同学能全面地说出今天学的关键词的含义？

2. 提出一个关键词，并让学生在作业中标出一个句子。然后，要求学生用关键词和其他词来重新润色改写该句子。

3. 让学生们互换作业，相互批改。根据所学内容，学生需对其他同学的作业进行编辑、增减内容。

4. 将全班分成小组，小组内同学轮流检查、批改该组同学作业。之后，向全班展示成果。

5. 设定一个100字的目标，在第二次修改的时候缩减到75字，第三次缩减到50字。这么做是为了让学生精简内容，保留主要信息，并做自我修正。

自信的学徒

学徒的含义就是履行礼仪性职责的人。在希腊和拉丁文中，它的意思是侍者。

借助自信学徒技巧，帮助你的学生成为有自信、有自尊的人。

“自信的学者”一词源于苏格兰的卓越课程。该概念旨在培养学生的自尊，给予他们满足感、安全的价值观和信仰，与此同时，让他们拥有自己的理想。在我看来，这就是鼓励学生成为自信的学徒（详见教学小贴士部分的定义）。

以下是我推荐的培养自信学徒的十种方法：

1. 营造轻松的课堂气氛，让所有的学生都能够自由表达自己的感受、想法和愿望。

2. 要做到全员参加，并对每堂课和项目设定具体时间。

3. 确保每个学生都了解课堂活动和

教学小贴士

我的定义：自信=一种自我肯定并与他人积极沟通的状态。学徒=履行日常职责；积极参与到教学过程中。

进阶练习

搭建一个壁梯，展示包括毕业标准在内的一系列标准。

任务的相关内容。

4. 在讨论价值观和信仰时，要简单列出大家对此的期待。

5. 鼓励学生进行积极的思考、评论和反馈。给出成功的范例。

6. 当学生取得进步或成功时，要给予祝贺和奖励。

7. 向学生展示自信与不自信的区别。

8. 在墙上挂一面大镜子，鼓励学生站在镜子前，对着自己说出想法。

9. 不让一个学生掉队，鼓励全员参与。失败时要吸取教训，鼓励大胆尝试。

10. 最重要的是，学生也要想方设法地让自己成为自信的学徒。

危险的税收

危险：带来伤害并很可能制造出很多问题，或带来不利的结果。

借助玩具钱来教学生税收和理财的概念。

税收影响着我们每一个人，并能让我们的钱包严重缩水！本课的观点是借用学校里常见的借贷系统，来奖励高分数和表现良好的学生，与此同时还用到了税收的概念。与全班讨论花钱获得教育的不同方法。如果分数与钱挂钩，那么取得A值多少钱？取得D又值多少钱？当然，这仅供娱乐，因为分数也不能说明一切，但这会是一次有趣的体验！你如何来讲解危险的税收呢？

1. 借助老式棋牌游戏中的玩具钱。你或许需要多复印一些玩具钱来供全班同学使用。

2. 将玩具钱平均分给全班同学，并

教学小贴士

将这个游戏持续一周，看看同学们的表现如何。如果有学生破产了，正好可以和大家一起从破产中学习。

进阶练习

达成更多目标时，可给予学生相应奖励。例如，在学生完成家庭作业或取得进步时。

向大家说明价目表。

3. 每当学生取得进步时，给予10元作为奖励。或者，如果你想在评估的时候也用这种方法，则可以在学生取得小进步的时候给予奖励，也就是从4.0水平进步到4.3水平。

4. 将税收与老师评价标准挂钩。例如，如果学生没有达到学习目标，老师可对学生进行罚款，拿走一些玩具钱。

这些玩具钱会引起学生的兴趣，让他们更有动力去完成作业。当看到自己的银行存款上下波动的时候，他们会兴奋不已。

香蕉

香蕉的作用：你可以用香蕉皮去擦皮鞋。

考虑用分数来帮助制订教学计划。

喜欢打分的同学，请举手！哦，好吧。我们继续。评估不一定完全具有信息性或总结性。想想香蕉评估法！请写下所有你能想到的描述香蕉的词汇：黄色；含钾；有能量；滑滑的；有皮；恼火的；精神失常的；不知所措的；疯狂的；愚蠢的，等等。同样，我们也应该用这样的方法来考虑老师评价。如果粗心大意，则会有许多方式让人变得抓狂！我们会面对永无止境的评估、边浏览边打对钩、盖章、加贴纸、提出意见、给出建设性的反馈、红笔、绿笔，以及其他任何你可以想到的东西！

进阶练习

老师可考虑即时反馈。一对一地面对学生进行打分，即使只有短短的30秒时间。学生会很看重这次即时反馈，觉得老师重视自己。

事无巨细的打分是浪费时间的。为

什么这么说呢？正如我的好友洛克先生说过的那样“打分多了反而成累赘”，这样对老师和学生都没有益处。斯蒂芬·洛克指出，这点也是可以进行补救的。方法如下：我们只需要审视下我们打分的方法。想一想，谁是打分的利益相关者？

- 学生
- 英国教育部门的检察员
- 校长
- 学生家长
- 老师

但是，谁又是主要参与者呢？学生和老师。那又如何将二者的机会最大化呢？斯蒂芬·洛克说过“分数就是计划”。要利用分数来帮助你做计划，而不是将课堂或测验看作单纯用来打分的东西。

布鲁姆便利贴

我们曾经把一名同学从头到脚都贴满了便利贴。

在你的老师铅笔盒里面放一套彩色便利贴吧。

当你写下布鲁姆分类目标的时候，可以用到便利贴。便利贴在同侪评估和自我评估的时候特别有用。便利贴不同的颜色可代表问题框架的不同级别，这种方法能够帮助学生更快地理解“不断深入”的含义。这是一个重要活动，它能够让学生不断地接受挑战，不断进步。

• **粉色便利贴**：学生必须对概念进行解释。

• **橙色便利贴**：学生必须给出一个详细的例子来支持解释内容。

• **黄色便利贴**：学生需要说出例子的优点。

进阶练习

作为开场活动，你可以在交互式白板上展出一份未完成的作业。并让学生在不同颜色的便利贴上写下评语。

锦囊妙计 ★

学生们都喜欢自我评估和同侪评估。如果可以的话，可让学生使用手机拍一张贴满便利贴的交互式白板。这是一个不错的方法，能够在日后真实地反映作业的水平。

- **绿色便利贴**：学生需要说出例子的缺点。

让学生参考着打分标准，找出自己所在的分数档，并说出自己的目标分数。然后，学生借助“剑型”的便利贴进行同侪评估。

可观察的学习成果结构

可观察的学习成果结构到底是什么？

当探究学习目的时，或探究自我学习成果时，让学生“拇指向上”或“拇指向下”。

可观察的学习成果结构是用来评价学生在具体学习活动中所达到的思维高度的常见方法。SOLO分类理论是由比格斯和科利斯于1982年提出的，是英文Structure of Observed Learning Outcome的简称，意为可观察的学习成果结构。SOLO通过评估学生学习时的积累程度，将学生的理解程度分成五个层次。同样地，这在认知范畴上与布鲁姆分类学是相通的。与布鲁姆分类学一样，SOLO也提出一种假设，即每个层次都在包含前一个层次的基础上，又加了些新的东西。具体内容如下：

1. 前结构层次：学生之前没有掌握任何相关知识，而是在接受全新的信息，

进阶练习

为何不与你的高级领导团队一同分享SOLO呢？它不仅可以用于评估领域，也可以用它来设计以学习成果为导向的课程。

因此头脑混乱，不成逻辑。

2. **单点结构层次**：学生可能只对部分内容及明显的线索有所了解，但仍不知道全部含义。

3. **多点结构层次**：学生能联系多个孤立事件，但不能把这些思路有机地整合，形成知识网络。

4. **关联结构层次**：学生在这一层次里能够理解多个重要事件，并将其整合起来思考，清楚各部分之间的联系。

5. **抽象扩展结构层次**：在这一层次里，学生能够在新领域、新学科内建立联系，将理论原则灵活运用到其他学习领域中，有较强的研究能力和创新精神。

好好做测验

杰出=系统并精确地评估之前的学习成果。

与学生一起分析、分享成功标准，让班级里的学习气氛浓厚。

在我从事教育行业的早些时候，我有段时间不愿意去给学生做测验。因为我厌倦了批卷子。所以渐渐地，我测试学生的次数就越来越少。但后来，我认识到给学生“做测验”的重要作用，以及评估学生学习成果并给他们反馈的重要性。其实，学生是非常想知道自己的成绩的。老师的任务就是要让学生了解自己的水平。回想一下你当学生的时候，道理是一样的。想知道自己学得如何，问问自己以下几个问题：

- 你知道自己在评估时的基准线在哪里吗？
- 测验能够帮助你提高成绩吗？

教学小贴士

借助创意20五分钟快速打分来复习下评分时需要和不需要关注的地方有哪些。

进阶练习

让学生组织好自己的自我评估任务，为以后的评估做准备。给学生提供几个选择——提供的选项难度是逐层增加的——这样学生就能够感受到进步的梯度。

- 你多久能了解一次自己的进度？
- 测试真的管用吗？收到评估结果后，你有什么进步吗？进步很大吗？
- 你收到的评价中是否有扩展活动，比如建议你去进行实地考察？

如何处理堆积如山的作业呢？

- 在班里展示作业，并在旁边附上分数，标清作业等级或分数。
- 每堂课都与全班分享优秀作业的标准。
- 给学生提供框架模板和写作框架。
- 鼓励学生通过同侪评价和自我评价的方式给作业打分。
- 定期拿出固定的部门教研时间来做这些事情，包括打分和评分审核。

5分钟快速打分计划（二）

反馈是双向的。

反馈不仅仅是给学生看的。老师也可从中知道自己的哪部分教学计划是成功的，哪部分还不理想。可通过打分情况和询问学生的方式来进行改进。

要想推动评估中学习，老师就需要认识到反馈是一种双向的过程。此外，老师还必须想方设法地从学习者那里获得更好的反馈。

在打分和评估时，老师往往容易忽略评估分数。其实，分数能够让老师知道哪部分的教学计划是成功的，而哪部分是需要改进的。人们常称其为分析评估或分析打分。这在不断提高工作方案和教学计划质量方面是个非常实用的方法。

学生获得的反馈来自于分数。同样，老师也可以很容易地从学生那里获得反馈，并将自己反思后的想法融入其中。如果当你在反思最近这堂课时，有人问你

教学小贴士

老师可在早上的时候开个分析打分会。在晨间咖啡时，约上几个同事，一起聊聊在教学中常犯的错误，如何改进教学，抢占先机，如何在下次上课时解决学生对教授内容的误解。同时，在下午茶时间或者奶酪配红酒的晚餐时间都可以探讨这些内容。

进阶练习

将话题中常犯的错误记录下来，然后仔细想想如何调整自己的教学，或者如何改进教学方法。

“对这堂课的教学哪里不满意”，你会如何回答呢？如果你问学生同样的问题，学生又会如何回答呢？这样做才能让你变成善于反思的职业老师。

失败

失败就是学习中的第一次尝试。

起草、修改、再修改。老师要让学生们知道，学习时勇于去第一次尝试是很有必要的。

在最近的一次会议上，来自哥伦比亚大学的巴里·海默教授与大家分享了他的这一精彩类比。他曾经在走访一所学校时发现了一个有趣的现象。那所学校的墙上贴满了一个词——失败。于是，他询问了一名学生“失败”的含义。学生回答说：“失败就是学习中的第一次尝试。”想一想，让学生的思维有这样的转变是件多么了不起的事情。“失败”一词看起来太刺眼了，特别是在学校这种地方。但是，这个简单的转换却给了学生们勇气和信心，从而可以发自内心地接受建设性的批评，以至不断提高自己。那么，请你也让学生们反复修改自己的作业吧！

进阶练习

您可阅读大卫·狄道的博客“用公众批评来改进同学互评”(Improving peer-feedback with public critique)，来了解更多有关修改作业好处的内容。

• 作业提交后，让学生提供反馈。

• 提醒学生反馈的内容要有建设性。他们应当“对人友善，对学习严肃”。

• 反馈应当有针对性并起到帮助的作用。

• 当反馈收上来后，学生需要重新修改作业。

• 老师要强调不同版本的进步之处。让学生能够清晰地看到自己完成作业的进步情况是很重要的。

因此，为何不试试这个办法呢？告诉你的学生，所有的作业都将“失败”。

教学方式

Teaching

Part 4
第四部分

将助教列入教学计划

你是否曾想过，自己要是能多一双手该多好，或者一天能再多几个小时该多好？

助教应当列入教学计划的一部分。老师与助教之间良好的沟通非常关键。现在就与你的助教说说话吧！

助教就是在班里协助老师展开教学工作的人。虽然教学过程中有助教的帮助是一件非常难得的事情，但很多时候助教在教学中所起到的作用微乎其微，只“起到了很小的作用，甚至是没起任何作用，回报远低于投入”。在不同的学校，助教的工作也千差万别。学生总是需要有这样一个人来满足更多的教学需要，其主要作用就是帮助学生学习，仅此而已。您可以通过以下方式与助教积极配合：

- 在教学计划和工作安排中加入助教的角色。
- 让助教在班级广受欢迎，并定期对他们进行指导。

教学小贴士

在正式观察过程中，老师与助教之间要有持久并明显的沟通配合。这样才能保证对话流利地进行。

- 设计一个有不同活动的教学计划，为需要帮助的同学量身定做。
- 提供不同的资源，开展相应活动。
- 除了一对一指导，将需要额外帮助的学生单独分成组。
- 安排单独的读写任务或计算任务。如果你的助教是一位擅长外语的人，可以请他来翻译一些重点信息。邀请你的助教参与到班级讨论中来。让他们指导一些小组同学进行读写和计算活动，并将此列入你的教学计划中。

进阶练习

仔细做计划，并让助教承担一部分课堂内容。花些时间去了解助教的特长，并将他们的特长用于教学中。如果你所在的学校没有助教，那么可以动员其他人（如社工、志愿者、在校实习生等）参与到你的教学中。

我是独一无二的

老师，我用这种方法学得最好。

做教学活动时，给学生提供一个适当的选择，或者一个有指导性的选择。这样能够让学生充分地参与到课堂活动当中，接受适合自己的挑战。这做起来非常简单，只要判断不同学生的水平或删减一些活动内容即可。

杰出的教学需要深层次的有区分性和层次性的计划。这其实一点都不难，不论你做什么，只要记住根据“输入”来做区分性计划。

1. 给一些学生发作业单（也可以是一个写作框架），其他同学则不发。

2. 给学生提供难度不同的资源或活动选择，让学生从中选取至少两项，包括其中的一项必选。这种方法会减少尴尬，并让学生在有选择的情况下选择适合自己的难度。

3. 任命两到三名同学当小队长，或者每桌或每组选出一名小队长，让他们带领其他同学学习。在我见过的最好的

教学小贴士

老师可以考虑用一个简单快捷、准确率高达95%的自助翻译软件来翻译课堂作业单，只需要将内容复制粘贴到一个有名的搜索引擎翻译服务器当中即可。

例子中，不仅天赋好的学生能够积极参与其中，就连那些母语非本地语言的学生都能参与其中，他们能够为其他同学提供翻译服务。

4. 请学生来带领课堂热身活动或者体育课的热身活动。

5. 考察那些努力帮助他人的学生都学到了什么，并通过观察结果来进行评估判断。这个方法同样适用于去调动那些迟到或者旷课的同学。

跳出传统思维的禁锢

只要把班级最优秀的四名学生安排到班级的四个角落，就能发现整个班级的表现有所进步。

在安排座位、布置作业和做教学计划时，让我们跟随艾瑞克·马祖尔的脚步，跳出传统思维的禁锢吧。

我要做的是引发你的进一步思考。如何做才能超越？更确切地说，如何将学习延伸到课堂之外？同侪教学法（PI）是一种基于大量实例的互动教学法。在20世纪90年代早期，由哈佛大学艾瑞克·马祖尔提出。该方法以学生为中心，推翻了传统教学模式，将教学延伸到课堂之外。这就是我们常说的作业！

马祖尔还提出了另一种方法，叫作适时教学。在上课之前，学生需要做预习工作，例如，课前阅读和回答问题。这样能让课堂时间被更高效地利用；老师也能够引领学生去思考更加深层次的问题，更加有针对性地对学生的能力进行评估。这

教学小贴士

你为何不考虑下每隔半学期给学生换换座位呢？看看不同的座位安排会起到怎样的效果。我每隔半学期就给我的学生重新排座位。你可以考虑让学习能力较高的同学坐在班级的四个角。

就是我们常说的计划性作业和教学计划！

马祖尔先生提出这样具体实用的教学方法，推动了时代的思潮，我对此钦佩不已。马祖尔先生还提出了许多其他同侪教学观点，其中包括座位安排方法。他发现当把学习能力较低的学生放到班级前排时，他们的学习成绩会提高。与此同时，那些学习能力较高的学生，即使被放到后排也不会影响他们的成绩。此外，马祖尔的研究还表明，当把优等生放到班级的四个角落时，整个班级的表现都会有所提高。

进阶练习

马祖尔讨论了“适时教学在课外有怎样不同的效果，以及同侪教学法能够提供及时反馈”，和将这些方法综合运用后能给教学和技能发展带来怎样的好处。

马祖尔提出的课堂探究问题过程：

1. 老师根据学生的课前阅读情况来提出相关问题。

2. 学生思考问题。

3. 学生给出答案。

4. 老师点评学生的答案。

5. 同学之间进行相互讨论，交流想法和意见。

6. 学生经讨论得出一个确切的答案。

7. 老师再次点评，看看是否需要进一步解释，然后进入到下一概念。

游戏、设置和匹配

杰出=任务不仅具有挑战，还能够满足学生的需要。

就像网球一样，“游戏、设置和匹配”也能应用到课堂教学当中。把你的一堂课想象成整个教学过程中的一小步。你的目的是要带领全班同学完成一个任务，或几个任务，或你安排的所有任务！

可以借助网球计分系统将教学内容切分成游戏、设置和匹配三部分，甚至还可以有锦标赛和大满贯！这个方法会清晰地显示出学生的进步程度和差异性。

游戏：就是教学计划本身，但还远不算是游戏。你可以把一堂课的教学放入整个教学工作中来看，将其看成一个大图片中的一个元素。那么每堂课都变得非常重要。让学生有机会去赢是很重要的。要让你的教学资源能够满足每个学生的需要。

设置：就是一个话题背景下的课与课之间的顺序。考虑给学生同一系列的资源，让他们能够相互交换不同的能力。

教学小贴士

老师可设计班级奖励，以此来展示成功标准的等级。下课后，学生可以获得一个“游戏”贴纸（一个标有等级分数的网球拍）。

匹配：就是教学的尾声部分，让学生去完成一个项目。如果游戏和设置环节打下的基础牢固，那么你无疑会给每位学生提供一系列的资源，供他们在整个获得知识的过程中使用。

创意
34

完美的音高

教学就如同音乐一样。

展出一个柱状图或者一个图表，并在上面画一个巨大的箭头，上面有着醒目的标语“这堂课的音高在这里”。

音高是音乐里的概念，指的是音调或声音的高低程度。有时候，也可能发出不适合的声音，比如过于轻柔或过于刺耳。这与教学有着异曲同工之处。我们在教学的时候，也可能将课堂音高定得过低（课堂内容很无聊）或者过高（内容太难让学生受挫）。在设计你的教学时，不妨考虑如下几个方面，来帮你找到教学的完美音高。

完美音高计划：

1. 你掌握了最新的教学资料了吗？

2. 你知道所有学生喜欢的计划、作业和报告吗？

3. 这堂课你打算借助哪些信息呢？

进阶练习

组织学生为课程难度投票。可以选择在寒冷的冬天和炎热的夏天下午进行。当然，你的计划和学科经验会保证整节课顺畅完整，内容对学生来说具有适当的挑战性！

又会忽略哪些信息呢？

4. 对学习能力较高和较低的学生，成功的标准各是什么呢？

5. 如果原计划失败了，那么后备计划又是什么呢？每个计划中哪部分是想象的？

音高分析：

1. 所有的学生都参与进来了吗？有没有低级的行为事件发生？

2. 所有的学生都完成作业了吗？

3. 自称无所不知的米歇尔同学也积极听讲并取得进步了吗？进度过快了吗？

4. 你如何评估扩展活动是否适合爱溜号的娜菲莎同学？

5. 哪种方法取得的效果不错？如果有更多的时间，你还想做什么？

锦囊妙计 ★

拿出三种课堂活动方案，转动箭头来决定使用哪种方案！

什么？我吗

杰出的教学需要保持高度的期望值。

老师不要怒斥学生，而是要走过去，坐下到他们旁边，站在学生的角度与他们交谈。

这听起来很耳熟吗？当你提问溜号大王布莱恩的时候，他却吃惊地站了起来，满脸困惑地看了看你，又转头看了看同学，然后又看了看你，接着将手举在空中，说道“什么？我吗！刚刚不是我”。现在，我敢肯定我们都对这个场景再熟悉不过了。我们总是把期望定得过高，要知道在强压测试环境中，即使是最优秀的学生也有毫无准备的时候。

教学小贴士

问问自己，为何“什么？我吗！”这种情况会出现在你的课堂。你是否需要重新考虑课堂参与和活动内容？

音高过高、严厉、说教式的课堂无疑会让学生感到压抑，从而渴望自由。这样的课堂是无法避免的，特别是在做平时功课、温习和做评估时，或者当你没有兴趣参加爵士乐课程的时候，这时候的你只想让学生赶快听你的话，照你说的去做。

“什么？我吗！”的情况常见于这样的课堂：老师们想自始至终地进行高质量的教学，从而会因为学生注意力的些许降低而感到恼火。

如果你遇到了“什么？我吗！”这种情况，可采用下列方法来处理：

1. 向全班同学说出你的期望。让你的期望变成全班的期望。

2. 反复检查这些期望是否是合理的、切实可行的、现实的。

3. 让学生自愿地接受这些期望。无论如何不要用“要求”一词。

锦囊妙计 ★

当出现“什么？我吗！”的情况时，切忌进行全班讨论。你可以走过去，坐到学生中间，不要让班级的其他同学也受到影响。要语气平和地与学生沟通，谈谈课堂期望，确保当下的课堂任务能够完成。

创意 36

时刻保持警惕

如果你以家长的身份，突然来到孩子的班级看看，你期望看到怎样的景象？

老师可列出一份清单，仔细审查下你的课堂行为对学生产生的影响及作用。

老师的课堂干预行为与在教室内和教室外使用的教学方式有关。其体现方式可以是与助教的有效调动方面，使用一系列的区分性教学方法，或者着重使用读写和算术来帮助教学。不论你用的是何种方法，你所做的都要与教学内容相关并且有促进作用。例如，在教授关键词的时候，如何让所有的学生有所进步呢？老师的课堂干预和所采用的辅助教学方法必须“既合适又有显著的影响”。要成为一位杰出的老师，就必须时刻保持警惕，迎接这样的挑战，并保证能够一直拿出辅助教学的方法，不断进步。那么，如何做才能让你的介入行为有明显而又

教学小贴士

想要时刻保持警惕，需要你有精明的头脑，但这并不会花费你太多时间。以上的问题会帮助你系统地评估你所使用的干预方法，从而惠及你的学生。

积极的影响呢？

1. 你清楚地认识到自己的干预行为有哪些，以及需要用到它们的原因吗？

2. 你会去观察、评价并反复修改你提供的辅助资源吗？它们起到了怎样的作用？什么时候修改它们最合适？

3. 关于你提供的方法，你有问过学生们的意见吗？你有问过学生家长们的意见吗？

4. 你打算将计划做到何种程度？

5. 你如何确定哪些人需要进行行为干预？干预的频率为多久？

创意
37

说出你的故事

你的父母是如何看待你的？

老师可以与学生分享你过去的成就、遇到的困难、希望和梦想。这样能够建立并加强师生间的友谊，还可以鼓励并激励学生不断进步。

每个老师都有自己独特的经历和成长环境。“说出你的故事”可以拉近老师与学生之间的距离。师生之间的友谊是需要不断培养的，这样才能在处理有关出席问题、行为问题和学习能力态度问题上减少摩擦。

其实，学生最开始时对你的风光事迹和坎坷故事根本没有兴趣。但是，随着时间的推移，师生间的感情越来越深，慢慢地会出现合适的时机让你讲出你的故事。这些故事可以是你过去的丰功伟绩，也可以是那些让我们充满感激的经历，或者是那些能让人笑出眼泪的故事。你的这些故事都可以用来鼓励和激励学生。可以

教学小贴士

与学生分享故事的时候，始终强调诚信的原则，坚持较高的道德标准，举止得体。保证专业性。

与学生分享以下内容：

1. 谈谈你做学生时候的样子。

2. 说说你曾经让父母感到失望的时候。

3. 也可考虑分享下你曾经历的丧亲之痛、一件十万火急的事情或者其他重大事件。

4. 与学生分享你的梦想。即使你在68岁的时候还在教书，你接下来想做什么事情？

5. 谈谈你在生活中遇到的麻烦事儿。比如，交水电煤气费时，找工作时，或者安排家庭聚会时。

6. 分享一个交心的故事，说说你当年是如何应对你最不擅长的学科的。

进阶练习

如果学生最近学习比较刻苦，并且还没到周末，你可以给他们讲讲你最喜欢的一个笑话！

情感过山车

深呼吸，慢慢来。

人人都会遇到丧亲、疾病、意外和压力，我们虽然是老师，但我们也是普通人。在课堂上保持情绪稳定最重要的就是平衡好心态。要自始至终处理好自己的情感。

一些校长或许会看不起那些将个人情感带入课堂的老师，但我所了解的最好的校长则会接受这点，因为即使是最优秀的老师也有情感波动的时候。重要的是，我们如何在处理这种情况的同时，还能保证上课的质量。这对于老师和学生来说都很重要。因此，请想象这样一个场景。校长秘书刚刚在全校检查纪律，后来发现了你。他们让你坐在一个安静的办公室里，并告诉你一些坏消息。谈话结束后，再过短短15分钟，你就得去上课了。你会有怎样的反应？你如何处理情感上的大幅波动？

1. 想想你有哪些选择。教还是不教？

教学小贴士

在你的办公室和教室放一盒纸巾。因为不知道什么时候，你（或者其他人）就会需要它！

如果不教，谁需要知道这个消息，你如何让他们赶快知道？

2. 如果你决定继续教，你会调整你的教学计划吗？这样的改变会给你带来额外的压力吗？

3. 如果学生感觉到了你的情绪变化，或者觉得你在生气，你会怎样做？

4. 当你回答问题时声音发生颤抖，请停一停。咬下嘴唇。将两根手指交叉在一起（用力）！

5. 如果这些方法都不管用，就让学生自习，你在一旁整理下思绪。

创意 39

那么，如果这样呢

你不讲课了？

如果你不在教室了，世界就灭亡了？你的学生就不会继续学习了？冒险试试吧。你去当学生，坐在下面，让学生来当老师，上台讲课。

每每想到不去管学生太多，退后一步任其自由选择，我们心中的控制欲就会出来作祟，提醒我们这样不行。我们所面对的种种需求、要求、目标和标准常常会阻碍我们在课堂上冒险。但是，如果我们逐渐地习惯了这个想法，我们就能让学生变得适应性更强，开展更多的以学生为主导的活动。你如何才能做到这样呢？如何让这种情况逐渐成为常规现象呢？要想真正地提高适应性，身体强壮、精神饱满、吃苦耐劳是学生必不可少的品质，这样他们才能逐渐变得自信。所以，如果你……

- 在学生课桌之间来回走动，并与

进阶练习

指定一名学生来当老师。学生可以在班级里自由地发言、提问、回答问题和解释所有对话。老师与学生互换角色吧。

学生一起进行小组学习呢？

- 自己少说话，或留出一些时间来交流？
- 每周让学生轮流上台当老师讲课？
- 请一位志愿者来帮学生讲课呢？
- 让学生在课上教你一些知识呢？

行为管理

Behaviour

Part 5

第五部分

创意 40

注重细节

杰出=学生对学习的态度是模范性的。

重视学生行为的一贯性，让班级不再出现低级行为。

培养学生对学习的良好态度，让模范行为随处可见，做到这点并不容易。不要骗自己说这点很容易做到。读书习惯是需要长年累月去培养的。所以，如何让那些坏行为远离我们的课堂，特别是在我们精神状态欠佳的时候，或者在我们没有完全备好课的情况下。我们如何才能确保上课的质量不下降？答案是什么？一贯性。

要想让全班学生在一个尊重和庄严的气氛中学习和成长，就需要整个学校有一种一贯性的学习氛围。但是，我认为，不论学校的学习氛围多么的糟糕，或者今天过得如何不愉快，你完全可以在自己的带领下做到这点。

教学小贴士

不要担心自己的声音像个鹦鹉，或者有故障的唱机。你可以将这点作为你的优势，变成你独特的口号。不要担心去一遍遍重复知识、期望和你对学习的看法。一旦你攻克了这一难题，自己就会知道，因为学生会在受到批评以后欣然地重复起你的经典口头禅。抑或即使你突然奔出教室去办公室拿点白纸，也不会有学生乱说话。而代课老师则会为其代课顺利而感谢你。

• 要不断保证你讲的课让学生有学习的动力，能够积极参与其中。

• 要不断鼓励得体的举止，讲礼貌。

• 不论如何，要不断鼓励协作与合作。批评那些影响点对点学习的人们。

• 在行为管理方面，要一直坚持采用一个系统的、长期使用的方法。

• 坚决不要让你的课堂被任何事情打断。将一切低级恶劣行为扼杀在萌芽中。

你需要打几场硬仗，才能做到这点。正如我的一位朋友曾对我说过的那样，“要注重细节。”

黄金定律

己所不欲，勿施于人。

教学当中到处都是黄金定律，但其中最本质的那条教会我们的却是相互尊重、宽容和平等。

在人类历史和所有宗教当中，每当我们提倡尊重他人的时候，我们的表现形式虽然各有不同，但其中蕴含的道理是一样的。这条规则能够很好地提醒我们，尊重是所有师生关系的基石。

下面让我们来看看不同时代的人们是如何来表达这一概念的：

- 基督教：所以，无论何事，你们愿意人怎样待你们，你们也要怎样待人。
- 儒家："己所不欲，勿施于人。"
- 伊斯兰教："爱人如爱己，这才是真信士。"
- 犹太教："不可报仇、也不要埋怨你本国的子民，而要爱人如己。"

进阶练习

针对这些引言展开班级讨论。试着从这些不同的信条和信仰当中找到最本质的价值观，包括民主、法制、个人自由以及宽容。你的学生对这些概念有怎样的想法？他们又知道多少关于其他文化中的道德传统？

- 锡克教："我对任何人来说都不是陌生人，别人对我来说也不是陌生人。当然，我是所有人的朋友。"

- 道教："圣人常无心，以百姓之心为心。善者，吾善之；不善者，吾亦善之，德善。"

- 印度教："人不可以把对自己有害的东西拿来加害于他人。"

保持甜美微笑

微笑是世界上最简单的行为模式。

如果你在不同的教室上课，或者正在努力寻找学校的行为准则。你只需要在白板上随手画几个笑脸，就可以走了！

这个想法的提出得益于我过去三年在三所学校和14个班级任教总结的丰富经验！本来想要在一个地方干出名堂就不容易，而我偏偏一直在搬家。每个学校都有自己的一套行为系统和规范，但都过于复杂。一般都在我教了一个学期后，才逐渐有了些头绪。

我之所以能留下来继续任教是因为我开创了自己的行为系统。这个系统十分简单易懂，根本不受任何学校的行为规范所限制。

☺ 表扬　😐 警告　☹ 谈话

如何应用：

- 其实，它确实和看起来一样那么

> **教学小贴士**
>
> 给自己来个挑战，让自己每堂课在每个笑脸下面最多贴三个学生名字。看看会发生什么？现在，试着减少“谈话”一栏的学生名字。

简单。从脸上的表情和相关的情绪能够看出你是如何看待学生的行为的。

• 时刻保持微笑并把笑脸贴在墙上，或者借助信息和通信技术来开发你的系统，用来追踪班级的行为事件。

下面是学生们可能出现的场景：

• 爱去图书馆的西恩几门课程都表现得很出色，因此她的名字被放在“表扬”标志的下面。如果她能够保持下去，在课上或者课后她会得到奖励。

• 调皮捣蛋的凯尔同学在上课的时候拿出了一副牌，因此他应当得到一个警告。他的名字应当放在“警告”标志下面。

• 有进步空间的慕寒同学之前一直表现良好，作业完成质量很高。但近期他上课总是溜号，并无视老师的提醒。因此，他的名字应当从“表扬”标志那一栏去掉。

• 磨磨蹭蹭的德里克同学上课不但迟到了四分钟，而且没有向老师说明迟到原因。因此，他的名字应当放在“谈话”标志一栏。在课间或者课后，老师会立即找他谈话。

进阶练习

制作一套A6大小的压膜卡片，涂上红、黄、绿三种不同的颜色。将它们贴在白板上，或者把它们应用到老师教案当中。

锦囊妙计 ★

给自己拍三张照片，分别是开心的表情、生气的表情和伤心的表情。把照片洗出来（与脸一样大小），贴在硬纸板上面。现在，将这三种表情挂在班级墙上。这样你就有了自己的“笑脸”表情组合了！

环环相扣

在我教的程度最不好的初三班级里，想要顺利地进行一个教学活动简直太难了——因为学生总是打岔！

让你的课堂保持紧密连贯，以防被打断。环环相扣的意思是在教学过程中要攥紧拳头，不要让任何事情打断课堂。

杰出的教学应当是顺利进行，没有间断的。这在极具挑战的课堂环境中是很难做到的。如果你能够“真正地”抓住学生的注意力，那么我们可以更加深入地来探讨这个实用的观点！相反，我建议您在教室角落里放一个行为事件箱。把箱子锁上，并告诉学生，每当你对他们的行为感到不满时，你就会放入箱子里一件东西。到学期结束的时候再打开，看看学生的行为在这学期整体上有怎样的进步（或退步）。这对你来说也是个不错的纪念，纪念那些难熬的日子。

> **教学小贴士**
>
> 在行为管理方面要做到前后一致、清晰明确、公平公正。不要让你的安排过于繁杂。

如何判断自己的课堂是紧凑连贯的？

1. 学生对学习的态度必须是端正的，

并且他们会努力营造一种学习气氛，让彼此都享有尊严，互相尊重。

2. 在课堂教学中，学生积极参与、文明礼貌以及有很强的协作性和合作性。

3. 在行为管理方面有一套系统的、一贯的应用方案。这样有利于培养良好的学习气氛。

进阶练习

将学校行为规范里面的关键词摘出来，在你的教学空间里展出。

创意44

用故事抓住学生的注意力

讲故事能够提高学生课堂表现。确实如此。

用故事来抓住学生的注意力吧！随着课堂的深入，将故事一层层展开，这时候，学生们会精神高度集中地听讲。

教学小贴士

为何不试试憨豆先生的风格，来一次角色转换？或者学学用杰克安诺瑞（美国著名少儿节目主持人）的方法来调整课堂顺序。

能够吸引学生的课堂通常使用了有创造力的教学方法。我的同事曾经和我说过“给学生讲个故事”。虽然我在潜意识里是知道这个方法的，但在我真真切切听到这句话之前，我还真没有把讲故事作为教学计划的一部分。杰出的教学通常需要老师使用不同的教学方法来吸引学生，并培养他们的学习热情。随着教学经验的丰富，你会在使用它们的时候越来越自信。我还发现一个小秘诀，要是在上课一开始把诱饵放出，挑起学生的好奇心，然后随着课堂的进行再把其他部分讲出来，效果更好。

可通过以下方法抓住学生注意力：

- 把自己装扮一下，来个角色扮演。
- 假装拿一封邮件/信件给全班看看，提前放出些政府改革的风声。
- 使用木偶。
- 在下课前放出新的诱饵，这样能够吊足学生胃口，让他们期待赶快上下节课。
- 与你的同事合作，让他们突然来到你班级，重新表演一个场景。

我有毕业证

……所以，我并不在乎你是否完成了作业。

老师可把自己当年的成绩单拿给学生看看。与他们分享自己在16岁的时候所经历的成功与失败。赶快行动吧！

教学小贴士

有些学生不知道取得文凭的重要性，老师在与其交谈时，可与他们分享自己当年应对不擅长学科的小办法，以及自己是如何克服那些困难的。

当与行为不端的学生打交道时，不论是在教室、走廊还是操场上，我们经常听到的一句话就是“有毕业证的人是我，不是你”。老师们说起这话来，一点都没有积极的暗示，因此我经常质疑，和学生交谈时说出这样的话是否合适。那么，请允许我说出如何将这种方法变得积极有效。好吧，下面是你付诸行动的内容：

1. 找到你的毕业证书。没开玩笑，我是认真的。把这本书放下，赶快去找。

2. 我是认真的。现在，请把这本书放下，去翻翻你的五屉柜。如果你不赶快抬起屁股，找到你的证书，我是不会往下继续的。

3. 现在的你，应当是一手拿着证书，另一只手拿着这本书。

4. 好的。现在开始翻看你的证书。回想过去的自己，哪方面做得还可以，哪些地方还能够做得更好。

5. 当年，你所教的这门课的成绩怎么样？你的二级学科又如何？在你的第一个证书和16岁之后取得的证书之间有什么联系吗？你的学位呢？

6. 整个成长过程容易吗？你在哪里失败过？当时发生了什么？为什么会失败？是什么让你重拾信心，继续前进？

7. 哈！最后一个问题的答案就是你要与学生分享的内容。

8. 把你的文凭复印下来，放在班级里。时刻准备着与学生分享你成功和失败的故事。

锦囊妙计 ★

拿出你的成绩单。借助今天所学内容将你个人的成功和失败的地方标记下来。

创意46

行为教学："做什么"

凡事不可"一刀切"。

当我们对学生进行行为教学时，要时刻谨记每个学生都有着不同的经历。而正是这些经历影响着他们的行为。并且，每个学生的经历都是独一无二的。

我们都知道，孩子在很小的时候就开始养成行为举止，并对好与坏、可接受和不可接受形成了自己的概念。在这样一个充满规则的世界，孩子们能够去遵守规则，也可以去打破面前的规则。

让我们想象这样一个孩子，并把他的人生向前快进十年。这样的孩子来到你的课堂。把他想象成你的学生（让我们叫他不爱读书的约翰）。他的成长经历当中有许多磕磕绊绊，并且在家也没有培养出遵守规则的好习惯。和往常一样，他破坏了上一个班级的班规。面对这样一名学生，你会如何对他和班级其他学生展开行为教学？

进阶练习

随着时间的推移和学校的不同，老师可以进行有针对性的修改。与同事分享你的行为教学方法；并观察其他老师是如何做的。或许，你会在其他学科的课堂上看到这样的约翰。

1. 定下班规，分享课堂规范。

2. 说说你期望约翰同学如何表现。

（这就是“做什么”部分。）

3. 强调规范适用于所有人，无一例外。

4. 重复步骤1、2、3。

5. 再次重复步骤1、2、3，然后继续。

6. 与约翰同学分享打破规矩的后果。

（这就是教学部分。）

7. 在适当的时候，予以处罚。

8. 重复步骤6、7。

9. 抓住每次表扬和奖励的机会。

（完成整个教学。）

10. 重复步骤9。

行为管理："为什么"

比尔·罗杰斯说："高效能的老师能够对纪律问题做出全面而又有洞察力的计划。"

在进行行为管理时，老师要明确说出你的期待。运用一套行为系统，并对其进行不断的管理，这样能够避免课堂被小事打断，保证教学顺利进行。

行为管理方法是一套老师用来奖励或惩罚行为（好或坏）的一套系统方法。在老师教学生如何能够明确又系统地表现自己之后，学生的表现会有明显进步，并能与其他同学很好地合作。让学生养成良好的行为举止可帮助营造积极的学习气氛，有助于课堂的顺利进行。老师可通过肢体语言和非语言方式来表达自己的意思。例如，如果一名学生打断了课堂教学，你可以举起一只手，抬一抬眉毛，歪一下头或者用简短的停顿等方式来快速地制止他。

1. 让自己的语言简单明确、直接有

教学小贴士

老师需要明确行为管理方法内容，让学生能够轻松理解其内容，并时刻去遵守。当然，谁都有犯错的时候。当老师违反了行为管理规定时，记得向大家道歉。

力。可以在教室的一个安静的角落，私下里单独批评学生。

2. 注意你的措辞。用“你要如何做”代替“我要你如何做”。

3. 确保自己自始至终都遵循了学校和班级的行为规范。

4. 分享你的行为管理方法和详细过程。

5. 时时对班级发生的事情进行适当的褒奖或批评。

6. 无论何时都要尊重学生。

7. 在必要的时候，可对全班进行提醒，或者小声温柔地提醒某个学生。

以身作则："怎么做"

我的一名初三学生曾经直截了当地问了我这样一个问题："为什么老师可以对我们大喊大叫，可是我们却不能这样对他们呢？"我不得不承认，这很明显其中有双重标准。

以身作则的第一条规则就是要用你自己定下的行为规范约束自己，并不断遵循它！

到目前为止，在行为管理方面，我们已经讨论了"教什么"和"为什么教"两个问题。但是，我们还需要考虑的一个问题就是老师如何去以身作则：也就是"如何做"的问题。

以下是几条让你放下架子，以身作则的建议：

1. 可通过吸引学生注意力，并让全班通过一份礼仪规定的方式，与学生分享你的期望。

2. 不论你定下来的是什么规矩，你都要以身作则。

3. 如果你希望学生在言行举止上达

教学小贴士

遇到困难时，你可以去询问学生，了解他们想被如何对待。这是一个不错的办法。这样做你可以根据他们的想法来因地制宜。

到你的预期，那么作为老师更应该成为大家的榜样。

4. 知道自己多久会重申一下你的行为期望。

5. 要一直专注于主要原因。切忌突然改变话题，或者让次要原因成为批评的原因。

6. 老师要时刻确保学生完全理解造成最初后果的原因。

7. 最后，调整你的方案，让它适用于不同的场景。毕竟，你不能在新学期报到当天，当着众人的面，让不爱看书的约翰同学出去吧。如果你不得不这样做，你会怎么办？

支持行为："如果"

独木不成林。你不可能自己完成这个任务。

行为支持很重要。与一位朋友说说你在这方面的担忧，听听他的意见，不要有所顾虑。切忌以一种高高在上的权威态度来处理事情。

通过了解学生的行为方式，我们将找出他们在特定情况下做出相应举动的原因。借助行为管理办法，我们让学生知道自己应当怎样去做，以及不这样做的后果。通过以身作则，老师向学生展示如何才能做到这些，并对内容勤加练习。因此，怎样才能让所有的这些发挥各自的作用呢？以下是行为支持的要点：

1. 奖励计划：在班里设一个小展台。展示学生所取得的进步，以及努力学习、合作互助、认真学习的成果。

2. 批评计划：你需要用什么样的系统？你需要哪些资源？需要将系统进行调整来适应不同课程或不同年龄段的学生

教学小贴士

在每天或者每周的开始和结束的时候，花5到10分钟的时间回顾一下所有的课程，回想下全班同学的表现。想想是否颁发一些优秀奖项？在上班的时间给三个学生家长打电话，多与家长交流。坚持下去……你会让学生一整天都非常开心，并且这是一项特殊的责任。

吗？你会改变惩罚的标准吗？为什么？怎么变？例如，当一名学生第三次上课迟到，完全不把你之前的警告放在眼里；接下来，你应该怎么做？为什么？你会如何去做？要是他还是不听话怎么办？

3. **有哪些选择？**除了教学计划之外，再写一份关于奖励与批评的方案，让学生知道你的行为准则系统是如何工作的。在这上面花些时间精力将帮助你免除日后的许多烦恼。

4. **传递。**记住你能给的奖励与批评。学生需要提示吗？如果需要，多久提示一次？你的行为方法被大家所熟知吗？如果你要颁奖，你如何在课堂上分配它们？

5. **精简你奖励和批评的方法。**老师可用口头的方式，坦诚地表扬或者批评学生。当学生努力学习时，你可不用学校原有的给贴纸或给学分的方法，换一种你自己的奖励方法，从不同的方面来奖励学生吧。在班级集合时或者午餐时间，你可考虑在操场上表扬学生。在周五晚上给表现优秀的学生家长打个电话也是不错的选择。

进阶练习

寻求帮助。我的行为管理方法已经修改了无数次，来适应不断变化的环境，在过去20年间都是如此。行为管理方法绝对不可以一成不变！

整理领带

你必须强调积极因素；铲除消极因素，理解正确的含义；千万不要在领带上搞砸了。

校服可称得上是学生和老师之间一个主要分歧所在，但从长远来看，一点点小分歧其实是有助于改善学校规章制度的。

我们从小就知道，校服对学校来说是必不可少的。不论我们是否相信，校服都在反欺凌、保护学生安全和自尊方面起着积极的作用。然而，领带（以及许多其他因素）却是校服上比较麻烦的部分。对所有老师来说，领带也可能是导致某些行为问题和引起争吵的罪魁祸首。如果你的学校没有校服，那么，你可以将这种统一的方式借鉴过来，在铅笔盒、课堂用语、上交作业等方面定下统一标准。

下面，我与大家分享两条实用小技巧。它们曾帮助我解决了校服的难题。

- 站在教室的门口，根据学生的领

教学小贴士

如同本课开篇的那段话一样，你要尽一切所能去强调积极因素。如果一名学生打着领带，并且行为得体，有时候你也不必去提过多的要求，让他保持那样也不错！

带或校服质量来给每个学生打分，满分为十分。学生无须知道你打分的原因。或许，你可以把这当作一个小秘密，让学生去猜其中的含义。

- 或者，当学生跟我要铅笔时，我通常会反过来大声地向他提出一个要求。让他们先整理下领带，然后再把铅笔递过去。如果他们不照着做，不但得不到铅笔，反而会受到批评。以我的经验来看，有百分之九十的同学会选择乖乖地整理领带。

课后作业

Homework

Part 6
第六部分

每一课，每一天

出其不意又安排周全的家庭作业活动。

留作业时，老师可选择一些不需要批改的作业。没错，就是不需要打分的作业！

出于各种原因，老师们不愿意去给学生留作业。其中重要的一点就是老师们惧怕那些堆积如山的任务——打不完的分数，改不完的卷子，还有不断惩罚那些胡乱交作业的同学！我不赞同不留作业的做法。事实上，我建议老师常留些能够引起学生兴趣的作业。但前提是这样的作业不会给老师增加多余的负担。这样做的目的是，每当提起这个词时，都会引起学生参与的兴趣，让他们想要马上回到班级来展示自己的学习成果。

像这样不需要打分的作业可以每天的每堂课都布置。

- 在家观看六点钟的新闻，并在课

教学小贴士

可以给无须打分的作业起个名字，叫作一次性作业。这样，每当你提到这个词的时候，学生就会知道你留的是什么类型的作业了。你可以上网分享（交流）你的想法。

堂上口头汇报其中一个头条。

- 如果你是校长，你希望看到学校有哪些方面的进步。

- 照一张店铺牌匾的照片，说说你想怎样改进它。

- 采访一位当地的店主，问问他所了解的当地历史。

- 计算你从家骑车、打车或坐公交到学校分别用多少时间。

- 写下一条命令，让自己变成总理。

- 如果你一周有100元，你会怎么花。说说你的想法。

- 随机翻开字典，学习其中的一个新单词，掌握其拼写和概念。

创意
52

大错特错

在杰出的教学中，犯错误是很受欢迎的。

告诉你的学生，我们要将错误变废为宝，并且在你的班级是允许大家犯错误的。

教学小贴士

设计一张A3大小的彩色标语贴在班级墙上。在上面写道："欢迎大家犯错误！"

在你的教学实践中，为了鼓励学生勇于实践，我建议培养一种允许犯错误的班级文化。我所指的是：废话、错误和初稿。如果学生知道他们的第一次作业属于"初稿"，那么收到老师的反馈后，学生会认真修改自己的错误。

为什么在杰出的课堂上是欢迎大家犯错误的？

1. 这让我们知道功课是没有完美的，总是有可以改进的地方。

2. 我们会变得不再害怕犯错误。

3. 在处理老师反馈的过程中，我们学会了解决问题的方法。

4. 认识到自己的错误本身就是一种进步。

5. 培养一种积极的心态，并让其成为你的日常生活中的一部分。

以下是我在留作业方面曾犯过的错误：

1. 为了留作业而留作业。

2. 忘了不是所有的作业都需要批改。

3. 没有针对学生的不同情况布置有针对性的作业。

4. 花了大量课堂时间来敦促学生写作业。

5. 没有花足够的时间和精力去设计有趣而又丰富的作业内容。

进阶练习

要是留一份长期作业，其内容不仅能够跨学科，还需要让学生在半学期甚至更长时间内不断地反复修改。你会选择留什么内容呢?

创意
53

这次不一样

老师，我可以提前交作业吗？

老师可考虑留至少两份不同类型的作业供学生选择。但是，其内容难度要有梯度，有针对性。

进阶练习

可让学生自主选择作业。可参照一些有经验的老师所设计的作业内容。

养成这样一种习惯，在每次留作业时，至少留两种作业供学生们选择。我发现这种方法能够增强学生的自主性，并能够让他们完整地把作业上交。因此，你打算如何去留有更多选择性的作业？有一种不错的方法我用了足足15年，那就是在学生家庭作业本里贴上一张纸。在纸上列出可选择完成的作业内容。在每项作业前面标号，并让难度递增。

可适当增加语言的复杂程度，满足不同评分要求：主要知识、技能和理解程度。老师可根据学生选择挑战的难易程度，给予适当的表扬。并在班级里观察学生的选择，找出受欢迎的选项，并及时对接下来的任务进行相应的调整。当学生选择了合适的难度时，老师可以给出肯定的暗示，比如，对学生眨下眼睛，笑一下。

选择一：你要在学校食堂卖一种健康零食。请设计一套方案，并完成它。确保你的方案颜色区分明确，标识清楚。

选择二：你要在学校食堂卖一种健康零食，并且要把它们装在便当盒里面卖。请设计一套方案，并完成它。要确保你的方案有理有据，并挑选一家超市来做市场调查。

锦囊妙计 ★

设计两到三个作业内容，以备不时之需。建议在学期期末或者一年当中比较忙碌的时期使用。特别是当有其他事情干扰了正常的作业进度的时候使用。此外，再想出一个有意思的仪式或者游戏，借助它来决定这周的作业内容。

过期不候

报纸节目停办！

把你的班级变成一个真正的新闻编辑室，引入真实的外部问责。

在教室外有一个地方，“最后期限”在那里可不是闹着玩的，这个地方就是新闻编辑室。在新闻出版传播领域，“最后期限”着实能给人带来紧张刺激的感受。一旦你在规定的时间内保质保量地完成了任务，那种兴奋的感觉还会让你上瘾。

在一个学期内，将你的班级变成一个新闻编辑室吧。把学生分成两组，分别是两个相互竞争的传媒公司。每个公司都有一个印刷部、电台部和电视部。老师给学生布置一系列的任务，每项任务都有各自的期限。学生要在指定日期前完成实况转播和杂志出版。提前告诉学生，如果在规定期限内没有完成任务，则取消出版资格，并会降低公司评级。

两个公司主要的任务就是为自己的节目建立观众群。观众人数会被算入最终成绩当中，因此学生需要说服家长和朋友们观看他们的节目！成绩将根据学生在写作、表达与展示方面的表现给出；以及在拼写、措辞、标点和语法方面的准确度；更复杂的评估也会根据内容给出，比如，内容是否带有偏见、是否客观、是否有实例以及资料的真实度，等等。

在播出那天，在网上发布报纸文章、无线电广播和电视新闻报道。

大声说出来

学什么？为什么学？怎么学？

不论是与同事沟通时，还是做教学计划时，甚至是给学生反馈时，我都会用到这个万能的点子；没有这个理论，我是当不好老师的。我认为，这或许是我最希望你学到的一课！

教学小贴士

将“学什么？为什么学？怎么学？”的字样贴满整个教室，以及学生的作业单中。

在学习时，我们通常习惯性地关注“学什么”，而忽略了“为什么学”和“怎么学”的问题。如果老师不断用这三条提醒自己，则可以将学生带入更复杂的分析推理中去。这样一来，就能让学生“大声说出来”，并得到更深层次的教育。学生在每个问题旁边都写上一个较短的句子，回答“学什么？为什么学？怎么学？”这三个问题。或者，学生可口头回答这三个问题。这个方法可在教学过程中的任何时候使用，不仅限于写作业时（参见创意10，看看这将如何帮你改善打分方法）。

以下类似的答案是不允许的：“因为

是老师让我这么做的”，或者“因为这样能让我打高分”。学生必须主动去思考，找出每项活动帮助他们学习和理解的原因，并找出自己的学习方法。

• **学什么？**你在做什么？这页纸上有什么内容？你今天都学了什么？

• **为什么学？**你为什么会做这项作业？你为什么用这种方法做？

• **怎么学？**你是如何完成这个任务的？这给你带来了哪些帮助？

锦囊妙计 ★

考虑将“学什么？为什么学？怎么学？”作为你的教学圣经，在每堂课都使用它们。要求学生相互之间问这三个问题。不接受没有完成该任务的任何作业。

创意
56

外卖作业

老师，请给我来一份外卖作业。

你能给全班同学留一份即兴作业吗？老师可制作一份外卖菜单或彩票箱，里面装满之前设计好的各种各样的任务，让学生像抽奖一样从中抽取任务。

富有创意地设计出一份外卖菜单。菜肴分门别类地列在上面，备有标号和简单的描述。还有一些特色菜品和季节性信息在上面。老师可以把这个灵感活学活用，制作一份外卖作业：

1. 根据主要环节、课题内容和不同年龄，列出50项作业内容。

2. 将这些作业归类。调查、研究、评估。

3. 在上面加上几项季节性作业。例如，在复活节和圣诞节的时候。

4. 你可以根据具体的科目、评估标准，或者以随机标号的方式将这些作业排出顺序。

教学小贴士

你是否有在下课前一分钟还没想好留什么作业的情况？或者是学生想让你多留点儿家庭作业的时候，你却头脑一片空白？相信总会有这样的时候。因此，要确保不论在何时，你手边都要有一份外卖作业清单。

5. 在每项作业后面加上一句话，描述作业内容和要求。

6. 要保证每项作业任务内容简明达意，不需要后期的补充解释。

7. 想想用何种方法来展示你的作业菜单。挂一个大横幅？抽奖？用交互式白板和彩票数字选择器？还是简单地打在纸上，挂上墙？

8. 试着每隔半学期留一次即兴的外卖作业。

进阶练习

可将你所有的外卖作业任务放在一个抽签箱里。

创意
57

上网来布置作业

不一样的留作业方式。

面对堆积如山的练习本，借助网络平台来布置、收集作业是个不错的选择！

最近，我开始借助网络平台来给学生布置作业。这是个特别好的方法，不仅可以监督、跟进学生作业，更重要的是，它还可以让所有教学人员和家长实时查看整个学校的作业内容。同时，这也有助于跨学科间的相互扩展。

1. 创建一个你的百度账号。

2. 访问百度云服务，在这里你可以储存所有你的在线文件。

3. 还可以“创建”或“下载”一项含有全部作业内容的文件。

4. 访问教学网站，并创建你的账号。

创建微博、微信平台，与家长和其他老师进行交流。家长和家庭老师，甚至学生也可将该网页地址记在记事本中。

教学小贴士

我强烈建议您创建一个全新的、专业的、专门用于工作的邮箱账号。无论如何，切忌使用你的私人邮箱账号。

让学生主导作业

每当我要留作业的时候，学生们都连连叫苦。后来，我在留作业时给他们提供了更多的选择。从那以后，情况有所好转，学生变得更有热情了！

让学生自己决定作业的内容，这能让他们时刻保持状态。

学生们总是会给你带来惊喜。不论你的教龄有多么长，你还是会遇到一些意想不到的事情。让我的学生去选择作业的内容就给我带来了不小的惊喜。最开始，我对这种方法抱着怀疑和嘲讽的态度，因为我一心觉得学生肯定会把作业难度降到最低，比如，回家看电视，或者在放学回家的路上踢球玩；但后来，惊喜就来了。全班进行了一次关于“作业”的大辩论。

我让全班同学组建成一个班级法庭；让他们自动分成两组：控方和辩方。此外还有法官和陪审团。然后，全班对留作业的好处和坏处进行辩论，以那周

教学小贴士

为何不借助这个方法，让学生去选择下一项教学内容呢?

进阶练习

学生主导作业的其他形式：给学生一台相机，让他们把相机带回家或者在午餐时间使用，通过拍照片来完成你布置的作业。在下次上课时，让学生们阐述各自的想法和照片内容。老师可布置一个开放式作业，让学生通过各自不同的方式完成作业。告诉学生要尽量创新：制作一张海报、一个PPT，或通过你画我猜的方式，甚至可以唱歌、跳舞或者表演哑剧！

留的作业为样本。法官根据开场发言进行调解，进行交叉检查并询问在场证人。最后，法官给出最终裁断。

学生们不仅发现了作业的益处，还用我未曾想到的方法对作业内容进行了讨论和修改。

希望本课内容能给你带来灵感。快行动起来，让你的学生来主导作业吧！

处变不惊

罪名成立！

要确定你处理了每份作业并给出反馈。

在我们的老师生涯中，会有那么一两次能够百分之百地处理完作业。通常情况下，作业上交和完成的程度会受昨晚的电视节目和其他学科作业的影响。这样一来，收作业的时候免不了烦躁！

典型借口：

1. “我把作业弄丢了！”

2. “我们在周末的时候搬家，我的作业落在奶奶家了。”

3. “我家的打印机坏了！”

如何回应这些借口：

1. “没关系，（微笑）下课后老师陪你一起做作业。”

2. “好吧，（做出打电话的手势）我

教学小贴士

在教室里摆放几个盒子，作为作业邮箱，并设置对应作业邮编。也可在盒子上贴上“我已经很努力了”“我已经尽力了”和“我不太确定”等标签。这会在无意间鼓励你的学生，在交作业之前，进行自我评估，根据自己的实际情况把作业投入相应的邮箱。

们下课给奶奶打个电话，看看作业还在不在。”

3. “我的打印机好使，现在就把它打出来吧。”

要避免更高程度的冲突发生，切忌让冲突盖过了学习，本末倒置。

1. 让布置作业和收作业成为常规内容。在奖励和处罚方面要有透明性、统一性。即使你已让超过一半的学生课后留校，或者得到奖励，你也要说到做到。

2. 学生让你感到失望的时候，要保持镇静。不要让这件事影响你的情绪，不要让本可以出色的教学变得严肃而又压抑。

3. 不要在课堂刚开始时收作业，而是要在上课期间收作业。因为，任何不交作业的辩解都只会耽误活动开场时间！

如何提问

Questioning

Part 7
第七部分

定向练习

熟能生巧！

提前设计好课上提出的问题，因学生的能力不同，问题也应有所不同。

定向练习是我最钟爱的提问策略，也是我分享的最受欢迎的资源之一。这个点子的核心就是将你的问题适当调整，准确面向每个学生。这一方法特别适合在编写教学进度表、教案和设置作业时设定问题使用。

区分提问应用的是布鲁姆分类学的更高序位结构思想，以此制订计划提问模板。这一方法可以用于在一段时间内规划一系列的问题，或者用于建立一个问题库供某一长期项目使用。还可以通过有效的提问来系统检验理解程度。以下以初中一年级耐受材料技术课程项目为例简短说明：

教学小贴士

准备三个关键问题进行课堂提问。分别为“全体同学”“大部分同学”和“某些同学”，准备一个问题。逐渐忽略那些“全体”问题，开始用“大部分”问题来挑战你自己和全班同学。

知识题——等级3，成绩F

- 什么是结构？
- 建造一座桥梁的目的是什么？
- 帝国大厦的设计者是谁？

理解题——等级4，成绩E

- 请解释三角测量法一词。
- 描述出两种加固框架结构的方法。
- 说明当书架倾斜时作用在它上面的两种力。

应用题——等级4及以上，成绩E/D

- 你能否结合使用两种不同的材料来建造一座塔。
- 你是如何完成的？

分析题——等级5，成绩C

- 为什么建造大多数建筑都会使用多种不同的材料？
- 什么证据能说明锥体是一个稳定结构？
- 为什么结构要稳定才能承受得住地质运动？

进阶练习

这个点子还可以变得更容易操作——为写在白板或教室墙上的问题标注不同的颜色。久而久之，学生通过尝试回答不同颜色（难度）的问题，就能为自己的学习打分。

综合题——等级5/6，成绩B+

• 如何改善一个基本的梁桥设计，让它更富有美感？

• 如何改善这一桥梁设计来让它更坚固？

• 根据你的了解，你将如何改进帝国大厦的结构？

评价题——等级6/7，成绩B/A

• 你对纽约20世纪20年代的建筑结构设计有什么看法？

• 如果测试重量分配，你的设计是否行之有效？

• 你测量数据的精确度是多少？

考虑“全体、大部分和一些”的问题。如果全体学生都必须回答上述问题中的一道，那么对你的班级来说应该回答哪一道？什么样的问题是你期待大部分学生能回答的？最后，你希望哪道题作为拔高题来让某些同学回答？

你能否将上述问题转化为你教授的学科领域中适用于某一门课的问题？

一展身手

如果你将他逼上绝路，那么你会发现他的成绩单是一路的“杰出”，整齐得像条硬棒糖。

你上次阅读成绩杰出教学指导是什么时候？

“一展身手”指的是你在没有顶头上司、高级领导或是教育部门的人旁听时的教学表现；指的是平日里你在周五下午的授课，或者是期末将至，你和孩子们都很疲惫时的授课，尽管无人注意，却十分精彩！

不太确定该提高教学中的哪个环节来达到杰出教学要求？请运用以下杰出教学标准（任何一部分均可使用）制作一个问题清单，来问问自己如何达到日常杰出教学的目标。

教学小贴士

天天“杰出教学”绝非易事！如果你尚未达成目标，就用这些问题来评估自己的进步。为了做到轻松随便，请位朋友以采访的方式向你提这些问题，帮助你进行反思。

进阶练习

把每堂课都当成有人听课来讲。你觉得能不能从这些点子中选一两个当作你自己这学期的目标?

学科知识和评估标准的运用：

- 你的学科知识是否紧跟时代？真的如此吗？是否参考跨课程材料来进行补充？
- 你如何系统而准确地评估之前的学习表现？
- 对知识的理解已经通过有效的提问进行系统的检验了吗？
- 你是否预计到教学会受其他因素妨碍？
- 是否落实有成套的方法，能让全体学生都参与阅读并回应老师的反馈，同时针对反馈意见进行改正？
- 你的学生是否能自信地并批判性地评价自己和他人的作业？
- 你的学生是否经常为自己设定切实可行的改进目标？

教学：

- 你制定的任务是不是真正能考验学生的能力？任务是不是准确满足了学生的诉求？
- 你对课程的定位是否准确，是否

创造性地运用了一些教学策略，让同事大为赞叹？

• 你是不是始终对教学的要求都很高？

• 你对学生的支持是否得当，学生是否因此取得了明显的进步？

• 你是否对学生的错误认识刨根问底、挖苦嘲笑？是不是所有学生都很有干劲，都愿意不断学习？

• 你在语文和数学方面及其他方面的教学技能是不是很优异？

• 你是否让你的课代表也参与到教学计划当中，你们的沟通是否顺利？

学习和进步：

• 学生们是否展现出很高的学习热情、浓厚的学习兴趣，是否有百折不挠的品质，是否有信心学好，是否积极参与教学活动？

• 学生是不是很出色？

• 是不是所有的学生都取得了快速且持续的进步？你是如何得知的？请拿出事实证明。

家庭作业：

- 你是否会定期布置适当的作业，作业是否有效促进学生学习？

- 你布置的作业当中是否有进行一系列活动的选项？

对待学习和行为的态度：

- 学生对待学习的态度是否能起到示范作用？

- 学生们是否尽力保证他人能在相互尊重的气氛中学习提高？

- 你班上的学生们是否积极参与教学活动，是否彬彬有礼，是否相互协作？

- 你的课是否一气呵成，没有因故间断（整个过程都是如此）？

- 是否始终运用一套系统的方法来进行行为管理？

那么，我刚才都让你们干什么了

这样的问题意义何在？

想想在你下达了教学指令以后，再问这样的问题会有什么可能的结果？你能想出什么好结果吗？对，我认为没有好结果！

我认为你问出“那么，我刚才都让你们干什么了”以后，有两种可能的结果。第一种是，学生们又把你的话重复了一遍，以确定他们要做哪些事。这样做并不明智，唯一的结果就是浪费了宝贵的学习时间！第二种结果是，一片沉默或者嘟嘟哝哝，说明只有一两名学生清楚该做什么，意味着你的指令没有充分传达。

因此，这一问题应该尽力避免，不然只会浪费时间。那么，我们如何在教学中远离这一问题，避免使用这种效果微弱的提问让学生囫囵吞枣呢？

答案是每堂课都让你的学生参与实现教学目标。

教学小贴士

不要再使用任何你常用的方式让学生来检验自己是否理解了给出的信息。这能让你教得更巧，考虑得更周全！

- 将你的课堂教学目标切分成不同长度的段，让学生把词语的顺序整理好。这样会让学生们从实物上、思维上、视觉上去解析教学目标，因而能更容易牢记信息。

- 保证运用MINT方法（创意90）来传达教学指令。

- 保证指令信息不复杂。运用KISS方法（创意91）。

提问，停顿，单个提问，继续提问

梳理学生的思路远比继续进行课堂教学的下一个环节重要，任何课程都不例外。

追问，追问，再追问。别犹豫，学生们即使被难住了，也能轻松自如。

学习提问技巧能够彻底改变你的教学！请运用这一方法，让学生们去彼此分析、评估、批评他人的答案，并学会如何靠自己解决难题。

1. **提问**——提出一个问题，并让学生认真进行思考。

2. **停顿**——让全班同学一起思考这个问题，思考自己的答案，反复思考。

3. **单个提问**——让某位学生说出自己的答案。一定要让你点到的这位学生直接快速回答！

4. **继续提问**——在得到一位学生的回答后马上再提问另一名学生，问问他对前面学生的答案有什么看法。

这一方法能让学生们梳理他们自己的想法。而且鼓励他们尽力理解其他同学的思维过程，以此来明确他们形成思路的原因。答案正确与否并不重要，因为目标是要评估思维的过程，并对问题做出回应。这也是一个让老师在教学中能够大胆尝试的好方法。

提问，还是不提问

倘若你要一改课堂传授知识的方式和课堂气氛，那就禁止提问题！

如果禁止了一切提问，课堂将会如何？你又该如何应对？你有多么依赖传统的问答策略？

学生提的大部分问题要么是希望获取更多信息，要么是为明确教学指令。而老师提的问题要么是想让学生回答出老师想要的答案，要么是想看看学生明白他们的任务与否。那么，如果我们禁止老师和学生互相问问题，又会如何？请继续往下读，看看不提问如何能解决这些问题！

你能运用哪些方法来明确学生想知道些什么？

- 设置一个投票箱。
- 在墙上贴上便利贴。
- 将学生的课桌当成白板。

怎么保证学生接受了明确的指令去完成教学活动？

教学小贴士

对照你的教学目标，写下五个你认为能够有效检验学生课堂掌握情况的问题。看看能不能将这些问题转变为其他形式，比如一个小游戏、一项任务或者是学生的某种反馈。那么，你如何通过取消一般的问答方式来深化学生的学习效果和理解？

锦囊妙计 ★

用你的方法进行更深入的追问。正如约翰·塞耶斯所说，要问问学生“为什么会这么回答？”尝试运用苏格拉底的6步方法：明确问题；对假设提出质疑；例证论点；提出不同论证角度；说明影响和结果，并在最后反诘问题本身。

- 用红绿灯方法让学生自己评估理解程度。
- 创建一套无声交流信号。
- 让学生分组互相帮助。

为什么要让学生来“猜我想什么”？他们还能如何回答？

- 运用罗马投票法，拇指向上或向下表示接受或拒绝。
- 运用项目清单。
- 让学生竖起手指表示自己的回答。

在我使用过的提问策略当中，最有效的策略就是先叫学生的名字，而不是后叫。“罗斯，为什么我们在这个模型中要用到一枚齿轮？”这样的问题能让罗斯知道，这个问题是专门提给他的，同时也将其他学生的注意力集中到了他的回答上。检验一个小组的问题理解程度也是一种经常使用的全体检查策略。方法就是提出五个相关的问题，包括一个较低水平问题、三个全面问题和一个较高水平的问题。这些问题需要目标明确，内容具体，而且经过准备，可以快速提问，特别适合学生判断。

学机器人说话

唤醒你内心的机器人！

你是不是曾经觉得自己像个破旧不堪的录音机、一只鹦鹉或者不停重复指令的机器人？

我确信，和我一样，你也曾经让个别熟悉你脾气的学生或班级弄得有些沮丧。那感觉就好像你已经无能为力、黔驴技穷了。对我来说，出现这样的情况常常是因为一遍遍地重复教学指令，就像只鹦鹉或机器人。

有一次我想到了一个点子，让学生们知道我很沮丧。我换了个声音，尽我所能地模仿起了机器人说话，抱怨着非得一遍遍重复。有趣的是，这一方法竟然吸引了全班同学的注意！学生们都不提问了，安静地听讲。所以，换些全新的方式来讲话做事。虽然方法数不胜数，但以下是我的建议：

教学小贴士

娱乐一下，让自己变成一个阿凡达！访问以下网址，记录一些关键指令和表述来激活它：www.voki.com。

1. 尝试像《星球大战》中的尤达一样讲话。比如，“试试，你必须试试”！

2. 换种口音，如伦敦东部口音或者是苏格兰东北泰恩赛德口音。

3. 试着将你的指令唱给学生。

4. 唤醒你内心的机器人，再用上你最拿手的机器舞步！

5. 可以娱乐一下，考虑用两两口耳传话的方式下达教学指令。

6. 让学生用自己的方式回答，模仿机器人、不同口音，甚至是尽力模仿你！

听课

Observations

Part 8
第八部分

老师少说话

你少说一些，学生多说一些！

老师长篇大论并不是在最高效地利用时间。继续往下读，了解能消除你声音的好办法吧。

想想这样的场景：你的顶头上司已经同意要来你的班级听课，了解当堂的教学和学习情况。瞧，他们收拾好就来了！于是你们各抒己见，相谈甚欢。这个段子听起来熟悉吗？这并不是教学，而是听课活动以及评估过程中存在的一个问题。在听课过程中，说的话即便都是正确的，也会减少学生们发言的机会，也就阻碍了他们学习。尝试运用下文的策略不让自己在课堂上随便说话，让学生带着课走。

- 上课先放一段视频，提一个问题，鼓励同学们初步讨论。

- 给出答案，让学生逆向提出合适的问题。

• 将一段文章分别写在几张纸上。之后学生必须齐心协力，将所给信息还原为它的原始顺序。

• 让学生来引领教学的某一环节。这包括让一名学生来给全班同学解释概念，或者在导入环节带领大家讨论。

• 让学生分组进行短暂的讨论，不用老师带头。

• 试想你不能说话！考虑你能够交流的不同方式。可能要叫一名学生来翻译你的肢体语言。

进阶练习

给学生们发一块秒表，让他们为你说话计时。挑战自己，每堂课只说10分钟。进一步减少说话时间，让目标更有挑战性！

创意
67

学生代课

注意：该方法不应仅在有人听课时使用。

鼓励学生为自己的学习承担更多责任。

就职于教育研究院的克里斯·沃特金斯曾经问过这样一个问题："你认为（以下）哪种情况发生得最多？"

1. 学习不用教？

2. 教了没人学？

这是个好问题。我打赌选项1更符合杰出教学课堂的特点。你怎么看？你如何鼓励学生自学？关键问题是要让学生引领自己的学习，在课堂上成为一名更像老师的学生。

在教室里挂些大问号，将问题放在问号下面。告诉学生这些问题都是你不知道的，而且你希望他们这节课能告诉你答案。

教学小贴士

鼓励学生大胆尝试，直到找到解决问题的办法。尽量不给出答案。密切专注学习、问题以及解决难题的过程。

其他培养代课学生的点子：

1. 将“学习过程”作为一项基本技能融入课堂当中。

2. 尽一切努力鼓励学生大胆尝试。

3. 鼓励学生来解决问题，并且接受这一观念：被问题难住是件再普通不过的事。

4. 创造机会让学生来领导教学。

5. 专注学习，而不是专注活动本身。

进阶练习

鼓励学生建立学习日志，记录他们学到的内容和这种学习方式带来的改变。你也可以根据学生们已解决问题的难易度，提出一些更高级的问题让他们思考。

创意
68

思维转换

要做到杰出教学绝不是简单地罗列出一些好点子，而是要与众不同。要的是思维的转换。

只有将课堂从以教案为中心向以学生为中心转移，教学才能始终卓尔不群。

你是不是受够了别人对你说，课是好课，结果评了个2级（良好级），之后为了安抚你，听课的人又加了一句：“但还是有些亮点的”？持续专业发展项目正是为所有那些自己想要出类拔萃的老师准备的。在听过了数百节课以后，我将自己的想法简要总结如下。

优秀的课：

- 学习内容=紧凑
- 教学结构=紧凑
- 教学重点=教案

有待改进的课：

- 学习内容=松散
- 教学结构=紧凑

教学小贴士

看看你最近写好并教授的教案。为其中的每项教学活动打分，以提供的学习机会多少为标准，多的打5分，基本没机会让学生学习的打1分。那么，教案中哪些活动增加了课堂教学的含金量呢？

- 课堂重点：教学活动

杰出的课：

- 老师非常明确知识和理解与其学科垂直整合，并希望学生在某种概念层面上进行学习。

- 老师保持松散的教学计划，以满足学生的学习需要。

创意 69

涟漪效应

认真考虑同事、家长及学生的观点。这样才能开展良好的合作，得到积极的反馈，拓宽教学的思路。

提前埋下伏笔。假如碰巧和你今天晚些要教的学生擦肩而过，就告诉他们你已经迫不及待要上课了。告诉他们你准备了一堂很棒的课。

涟漪效应既可以应对有人听课的情况，也可以用到自己的课堂教学中。思考一下你的行为和学生的行为有哪些直接效果。再考虑它有哪些连锁反应。记住连锁反应的范围大小。你做的每件事都有可能产生消极影响，并且不断扩散，或者也可能产生益处，对整个校区都产生深远而广泛的影响。

涟漪效应也可以和面试过程联系在一起。尤其是对于那些参加学校老师面试但未被录用的老师。从根本上说，有益的反馈适用于任何场合。当一位面试候选老师离开你的学校，即使没有成功，也会带着富有建设性而具体的反馈意见

进阶练习

在你自己的班级当中树立这种思想。下次你再要停止教学，重新整顿学生的行为，重新树立他们的预期和班级的道德准则，请记住涟漪效应。它适合任何准则，自然能转变你的思维方式。

离开，带着下次面试的建议离开。这些策略不仅对被面试者很有用，对学校也有积极的影响。毕竟，被面试老师在学校的体会和对学校的感觉将凝聚为一两句话，人们口耳相传，足以树立学校的声誉或者让其毁于一旦。

这篇文章的背景源自于我和我校现任校长的几次谈话。

思考-讨论-交流

学会学习：鼓励全班同学培养自主学习能力。

使用“思考—讨论—交流”的方法，把你的学生训练成5项全能小超人吧！

教学小贴士

老师可让“思考—讨论—交流”环节中表现出色的同学去帮那些缺课的同学补习功课。

“思考—讨论—交流”不仅仅是分享那么简单。这一概念鼓励听者去分享所接受的信息，并加以演示。老师们将该方法广泛应用，鼓励所有学生进行“思考—讨论—交流”，视其为一种良好的行为模式。

借助“思考—讨论—交流”方法来训练你的学生，让他们达到以下五项要求：

坚韧不拔

• 用清单的方式制定一些能够达成的任务。

负责到底

• 让学生把控教学原则。让他们来共同制定目标，并尽责坚持达成目标。

考虑每学期换一次班训。

有理有据

• 让学生参与到日常教学当中来。自始至终学生们都明确自己应该怎样做。

随机应变

• 为学生提供选择。不仅仅是不同的任务，而是应用多种方式解决问题的机会。例如，用戏剧的方式将一个设计理念表演出来。

自我反思

• 自我反思这点很重要。当你犯错误的时候，要主动承认错误，并鼓励学生们也这样做。这样才能有所进步。

进阶练习

做一个排行榜，展示学生照片，以及学生将要学习的技能。在每周学习新技能时都可使用该方法。

创意
71

唯进步论

你要么就进步成长，要么就退后求安生。

——亚伯拉罕·马斯洛

运用各种反馈方式，集中促进学习。

教学小贴士

你可以运用创意55来改善并拓展这一方法。在“是什么”“为什么”“怎么办”之后加上个“如果……”并鼓励学生们用各种不同形式的反馈来体现进步。对于积极反馈，80%口头表扬，20%记录在案。

有太多的给学生提建议的方式：WWW法（What Went Well，哪些地方进步了）、EBI法（Even Better If，如果……就更好了）、两个星星一个愿望、亲一下踢两下等，我能一直说上一个小时！但是，我们真正该做的则是要强调哪些地方需要改进。忽略那些细枝末节吧！让学生们从开始就投入到真正的学习当中。“唯进步论”的方法不应该只局限于有人听课的公开课或者是从头到尾检查作业时使用，而应该系统地纳入你的教学方法之中。发展你自己的方法，将这个笔头反馈的点子融入你教授的学科中，并让所有的学生不管学什么都应用这一技巧。

我们要的就是“进步”，我们还希望进步建议能够写在纸上，记录下来，从而促进学生的发展。考虑这个提议：记录下80%的进步，剩下20%口头提出。

可否为你的课开设一面“唯进步论”便利贴墙？让学生们来讨论研究，让他们面对一面写满建议的墙自己来评价自己，推动整个班级和自己不断进步，让自己不断深入思考。

三位一体评价法

将教学常规深度整合，即使是听课的老师进来了，也不必改变原来上课的套路！

对于所有听课评课，综合利用三种资源，以便判断学生进步情况时有据可依。

> **教学小贴士**
>
> 无论是支持你，还是说你不愿意听的话，学生永远都不会让你失望！

我们努力试图改进并重新树立班训，满足教育部门的要求，同时也让老师的评课更准确，更有依据。

我们决定，运用以下三方面信息来源让听课老师能够做出正确评价，真正将“学生的长时间取得的进步”纳入评课之中。

1. 专注课本身，评价整个学年的一系列授课。

2. 关注学生之前和现在的数据，任何形式均可。比如，学生过往成绩、关键阶段2或3的数据、阅读测试成绩、老师评价等。

3. 和学生沟通，这样才能收集到很

多重要意见，如教学常规如何、对教学有哪些期待及学习效果如何。此外，你还必须利用学生的练习册来评价学生的长期提高。考虑不听课，将作业评价也当作一种听课。检查课堂作业、家庭作业、自我评价及同学互评、老师评价、作业改正情况和学习目标设定等。

第3项无疑是最关键的。我建议，如果要进行听课，绝大部分时间要用于和学生沟通、翻阅作业、促进讨论等活动，这样才能做到依据充分。

进阶练习

保证你作为一名老师能综合利用计划、评价和反馈三种手段，为学生创造一切机会参与到以上每个关键阶段中来。

引人入胜

施展你的才华，让学生尽情想象！

每个老师内心里都藏着一个演员，施展你的才能，惊艳整个班级。

每个老师内心里都藏着一个演员，就在内心的某处等着释放出来。无论你是否是魔术师、业余演员，或初露锋芒的喜剧演员，都请利用你的身份和在课堂中的机会来吸引观众的注意，紧紧抓住他们的注意力！我的学生很喜欢我在教室里表演一两个小魔术。这是活跃课堂的好方法，也能让学生上课更放得开。

引人入胜的策略：

1. 告诉同学课上有个小秘密。

2. 不要把学生当作听众，而要当作参与者。尽可能让他们参与进来。

3. 先表演，再揭秘。

4. 考虑在教室里换个地方讲课。

教学小贴士

优秀的教学就是要不断努力并仔细安排。花些时间去了解班级的情况，看看学生们喜欢什么。如果有必要的话，研究好所教科目，尽可能将内容融入学习当中。假如你突然模仿起了一个角色，或者使用了学生知道的方言俗语，那他们会很喜欢。

5. 为课堂添加戏剧元素。眼神交流、讲故事，调整并强调你的肢体语言。

五大建议：

1. 了解你的学生，了解每个人，将他们的名字烂熟于胸。

2. 用提问的方式开始授课。

3. 讲故事。

4. 用好授课中间的留白。

5. 爱和学生交流，熟悉热门话题。

创意
74

敞开教室的门

教室的门是开着的，请进！

在班级里营造一种开门文化，这不仅有益于作为老师的你，也有益于你的同事、学校以及你的学生们。这绝对是个多赢的事，不是吗？

开放教室模式不是什么新理念，但很多老师仍然对邀请同事进自己的班级非常谨慎。发邮件或者在做简报的时候宣布这一决定，告诉同事们当天你要讲什么，邀请他们来听课。这并不是什么自大的行为！比如说：

第一节课——我教初二的学生如何烤蛋糕。不妨来尝尝他们的手艺！

第三节课——初三的学生将分组来解读我的教案。看看我是怎么教课的！

第五节课——初一的学生将用唱歌跳舞的形式来展示他们的亨利八世研究课题。到EG02教室来加入我们吧！

- 挂一块“开放教室”的牌子在教

教学小贴士

开放教室的好处不胜枚举。不仅有助于反思评价你的教学，加强同事间的合作和信任，还能获得真正了解课堂需求的同行的支持和建议。

室外面，来鼓励同事进教室一探究竟。

- 和一名同事组成一组，一周内互访对方的班级。你的到来既可以事先安排，也可以随意进行。

- 发邮件邀请同事来参加一次课堂展示，并分享活动照片。

- 让你的学生请他们的班主任来听你的课。

- 你甚至可以让维修员将你教室的门拆掉一个礼拜！

Part 9 第九部分

进步

Progress

盖大厦的砖

盖楼要用对砖，填好缝，这样才能取得真正的进步，是否遵守标准办公室的要求都无关紧要。

基础打牢了，反馈收好了，学生取得快速持久的进步简直是小菜一碟！

对于所有学生而言，要想取得“快速持久的进步”，就必须为教学打好基础。你的课要有清晰明确的教学目标（这就是盖楼用的砖）。

以任务为中心来制定教学目标几乎用处不大；完成教学任务是一种预期，而不是推动进步的目标。更有意义的办法是，从结果抓起，着眼大局，反向研究。这样，如果你能在计划教学活动时着眼于如何实现目标，那你离成功就不远了！

让学生参与到制定教学目标当中：

- 向学生展示教学目标。
- 让他们去选择或者制定目标。

教学小贴士

下一场硬仗是要建立学生们的自信。不要低估你塑造一个学生的能力。始终对学生和他们的进步保持高要求。

- 盖住关键词，让学生去思考目标内容。

- 将学生和完成目标的教学活动联系起来，让他们能够从努力完成目标中获益。

随时停止教学，了解学生的接受情况，这样就能填好砖之间的缝了。重要的是，你要安排好上课暂停的时间点，来跟进学生的理解情况，不要开足马力，照着漂亮的教案从头讲到尾。你也许需要调整教学方向，或者多关注某个概念或者某组学生。

进阶练习

考虑使用以下评估中学习的技巧来暂停课堂教学：使用迷你白板、模拟红绿灯、组织学生排队来检验理解程度。

快速进步

标准已经改变。

将所有课时作为一个整体，衡量学生的进步情况。将每一课都当作一堂观摩课那样去教授。

你如何知道学生在课堂上取得了进步，学有所成？要记住，我们不必将快速进步划分成不同的等级去衡量。其实，快速进步的表现可以很简单。比如，知识的积累、想法得到了验证，当然，还有将技巧和技能活学活用到班级活动中去。我们都知道，想要得到听课人的认可，关键是向其证明学生们“在逐渐地进步”。然而，听课人并不单单根据一次试听就给出评价，而是需要经过数堂课才能看出学生是否取得进步。

每堂课，老师都可用这个小创意来验证学生在一段时间内的进步情况。将它作为日常惯例，并可稍加改动，帮助

教学小贴士

取得快速的进步，并不是一步登天的事！当然，这也不是在短时期内就能实现的事情，但如果将这个创意作为日常惯例的话，它一定会帮助学生取得进步。

你完成所有学习目标。这样下去，学习习惯将逐渐根深蒂固，从而学习的过程也会变得清晰可见，快速地进步将成为常态。通常情况下，这种方法特别适用于衡量短期内的快速进步。

• 给学生布置一项任务，让他们在三分钟内完成。

• 请学生们给彼此的作业打分，然后告诉他们必要的评判标准。

• 在学生们已经明确评判标准以后，让他们再重复一次任务。

• 比较两次任务中所取得的进步。

进阶练习

阅读以下文章，并将本课内容灵活运用。

提高效果，不要去证明进步

谎言，该死的谎言和数据统计。

课堂上的进步就是个谜！老师根本无法在短短20分钟的听课过程中证明学生取得了快速持久的进步！

“长期的进步”“课堂上的进步”，这些言论困扰着老师和领导们。让我澄清一点：没什么可怕的！证明课堂上取得的进步并不是最新规定的要求。这些言论被很多领导层误读了。因此，不妨将创意77随意从书上撕下来，复印多份，给你每个大领导的信箱里都放一份！

请记住：

- 真正快速和持续的进步在20分钟内是无法观察到的。
- 20分钟能搞定的事情，你能相信它有什么长期影响吗？
- 在课堂中段或者尾声提问学生是否记得课堂教学目标，真的能衡量出学

教学小贴士

阅读一篇优秀博文“课堂进步之谜”，文中写道：“教育部门正在督促我们不断关注学习……而且‘课堂进步’这个神秘的东西已经成为一个传说。”

生的进步吗？绝对不能。

• 如果我所有的学生都能做到呢，这能否体现快速进步呢？不能。这不是衡量进步的方法。

如何提高学习效果，而不去证明进步呢？

• 通过细心监测学生，定期评估学生情况来强化你的教学。

• 抛弃在短短一堂课内一举证明“长期进步”的观念。

• 从教室外建立与学习的联系，满足学生的个性要求。

勇于尝试

Risk taking

Part 10
第十部分

学生见面会

将分享最佳实践的基层模型灵活运用到你的班级中去。

组建一个学生见面会，鼓励学生之间相互分享各自的学习经验。

什么是老师见面会（Teach Meet）？老师见面会是非正式的持续专业发展（CPD）大会，参与者都是在职的老师。有些人将这种会议称作“非会议”（一种由参与者推动并创建的会议）；完全颠覆了现在你可能参加的一般的培训形式。

那么，学生见面会又是什么呢？同老师见面会一样，就是在学生之间开的见面会。这样，那些平日里学习不错的学生就有机会和大家交流心得并巩固学生团体中彼此的关系。学生可在教室或者其他地方分享学习心得。只需要一点鼓励，学生们就可以自行组织见面会；或许还可以私下里，将视频或音频上传到互联网

教学小贴士

或许，你可以记录下来学生的展示，或者提前准备好一系列的相关问题，让老师和学生们都参与到讨论当中。

或校园电台。

组织学生见面会的目的是启发、娱乐并激发全班同学、全校同学，甚至更多人。在适当的鼓励和有序的安排下，任何学生都能够在有限的时间内，做出展示，与大家分享有趣、实用或新奇的点子。展示的内容可以是任何有关学习的话题，时间一般是3～6分钟。成功、困难、那些你引以为傲的东西，以及新闻时事都是不错的学生见面会话题。

进阶练习

给学生的展示提出一些时间要求、有趣的指导和范围界限。如果学生的展示时间过长，可将一个毛绒玩具扔过去提醒他！

从教学法上看

在早期教育阶段，孩子逐渐对身边的事物感兴趣，想知道事物的成因。在7～11岁，才开始形成逻辑思维。

在学生问你“为什么”时，你要有耐心地倾听。给年龄较大的孩子自己做决定的机会。

让·皮亚杰是一位著名的认知学心理学家，主要研究儿童的认知本质。他提出了认知发展论，简单来说就是人类智力的本质与发展过程，研究人类是如何逐步吸收、整合和使用知识的。

皮亚杰是知识建构主义理论的伟大创始人。“建构主义”与教学理论是分不开的。发现式学习、体验式学习、实践性学习和研究性学习都是将教学建立在建构主义基础之上的应用。

就是它！是它提醒了我们，在儿童学习时，当新学的知识与已学会的知识产生联系时，新的知识（或构建主义）就形成了。这种类型的学习者不仅思维

教学小贴士

你如何在不使用练习册或课本的情况下学习知识？不论压力有多大，时间有多紧，你一定要用尽全力，给学生提供充足的实践经历，让他们找到那个“知识与探索之间的联系”。

活跃、自主性强，还很有创造力。我再次建议您给学生提供足够多的机会，让他们通过实践活动和经历来获取知识。不要在拘泥于书本。撇下作业本。让学生去拆卸电脑；去砸开机械玩具，看看机械齿轮是如何嵌在一起的。不论是什么，请鼓励学生去提出问题，并做出他们自己的选择。

创意
80

呼　吸

真正的教育不会教你去竞争；而会教你去合作。不会教你去对抗并拿第一；会教你发挥创造力，关爱他人，积极乐观，而不去和他人攀比。

——奥修

如果课堂状况开始不太对头，别犹豫，将教学活动的节奏慢下来。

放慢节奏的方法会帮助你和你的学生重新集中注意力，从而加速教学进程。基本教学就是一套有效的方法。一旦课堂教学脱离了正常轨道，首先要做的就是唤起感性的智慧。

考虑进行一段短暂的冥想——自省的艺术。只有通过自省，我们才能调整好自己的情绪，重新做出判断。

怎样运用这一方法：

- 让所有的学生都将头伏于桌面，闭上眼睛。营造一个简单的视觉图像，将学生的思路远远带离教室。

教学小贴士

不要害怕将课堂节奏慢下来。事实上，你会十分惊讶，这样做能够大大地改善课堂气氛。试试这种方法：让大家起立，抖动放松双手。之后依次放松手臂、手肘和肩膀。注意将头部及双腿包括在内（左右腿依次放松），让全体学生进行这样的有氧准备活动。在确认全体学生都已经充分放松之后，颠倒活动部位顺序，重复一组，最终回归正常教学。

- 使用简单的呼吸技巧。通过鼻腔进行一次深呼吸，屏息10秒钟；慢慢用嘴呼气。重复三次。

- 让每个学生都在心里默念30个数。你来掌握节奏，低声慢慢计数，最后给出一个非语言的信号，比如点下头。

- 让学生们攥紧双手10秒钟。然后松手。重复三次。

- 稍事休息。让全体学生进行一分钟自由交谈，不涉及教学内容。

勇敢出击，静候佳音

以假乱真方能弄“假”成真！

教其他老师的科目或者带其他老师的班级可能是很困难的事情，在对该科目不甚了解时尤为如此。但要相信自己，从开始就打下良好的基础，必将先人一步！

教学依靠的始终是随机应变，万全准备。尽管经验丰富会有所帮助，但总有一些情况下，会安排你去填补某些空缺，充当某科的老师。当碰到你必须独立思考的情况，请考虑“勇敢出击，静候佳音”的策略！

相信自己，就是一个良好的开端！我不是挖苦讽刺，更不是为了鼓舞人心而阿谀奉承，我的意思是要表演出来。“以假乱真方能弄‘假’成真”的策略能让学生更快地接受你当他们的老师。即使你也在同一所学校教书，学生们也仍然会想方设法刁难你这个“代课”老师。

所以，如何能够进行正常教学？

进阶练习

我曾经观摩过一堂优秀的信息通信技术课，课堂上没有动用一台电脑。老师是如何做到的呢？方法是让学生亲身参与到富有挑战的讨论和对问题的探索中。无论是什么教学科目，巧妙运用问题，都能明确学生的理解程度，纠正错误认识。你已经身经百战，能够不断抛出这类问题，不断推动讨论朝着健康的方向进行下去。

• 从开始就要设定很高的预期。

• 认真准备小细节。不要回避会影响学习的问题。

• 讲自己的经验，让课堂内容实实在在。

• 如果知道会去代课，就准备一个点子本，以便多次使用，应对不同科目。

那么如何能让教学更上一层楼呢？

• 征求学生的反馈。在下次课好好贯彻学生的想法。

• 做好研究工作！尽你所能充分研究学生和科目。

• 如果要代的科目不是你擅长的，务必做好计划，做好计划，做好计划！

即兴教学日

跟着感觉走。

告诉全体学生，整堂课你不会解答任何问题。退后一步，相信你的直觉，让课堂自然发展，把握它的方向。

教学小贴士

即兴的近义词包括：非正式、半心半意、粗略概况、附带发生、随机、无意的。

有时我们都需要放松一下。我们在教学中都有漫无目的的即兴授课的日子，因为我们感觉疲劳，承受了太多的看管和束缚，也许是因为期末将至，抑或是因为我们刚刚经历了地狱般的一周。我在自己的课上经常使用即兴教学，但这绝不是缺少干劲儿的托词。而更像是一个提示，让课堂教学自然发展，让我的经验和教学方式能自然流露。教学方式聚焦的是学习的效果，而不是教学活动本身。

但是，又如何能够保证这样的即兴教学能够卓有成效呢？

- 首先，让我们忘掉那些需要你发出语言指令的教学常规。这些常规作为平常课堂教学的预期，应该早已为大家所熟悉，地位早已根深蒂固了。只要你来到课堂上，学生们的表现就自然会符合你的课堂预期——别惊慌失措！

• 从上课开始就明确告诉学生，他们将承担大部分教学任务，只要他们做得比平时更努力，就会受到不同形式的表扬。

• 找个座位坐下，但不要坐在讲台前。来回巡视，在每个学生的桌前都坐一下，同他们共同努力。去倾听，不要参与对话。

• 采取创意55的办法。确保你问学生的问题都是：是什么？为什么？怎么会这样。

进阶练习

我十分确信，有一堂课甚至是一整天，你是没有规划安排，全靠教学经验即兴授课。别犹豫，多采用这样的方式。然而，在使用这一方法的同时，请注意以下提示：帮助学生学习，并时刻保持你所进行的教学活动以“我们要学什么”为中心。

形象化

让记忆永存！

用投影仪在课堂上展示各种稀奇古怪而又妙趣横生的手工艺品。

我第一次接触到投影仪这个概念是在1990年。这是一种非常优秀的教学方法，既能进行现场演示，又不用让学生都聚到讲台跟前。当时我是在边山大学参加一场针对六年级学生的行业体验演示活动，那几乎已经是25年以前的事了！

很多年过去了，我们使用的设备不再是一台便携式摄影机架在三脚架上，用各种各样笨重的线缆接到电视屏幕上了。这样的设备又大又笨重。但作为一个学生，我永远不会忘记我当时目睹的一切。它让一堂课的记忆一生难忘。

今天，我在课堂上必须使用某种形式的形象化教学。多年来，随着信息通

进阶练习

活用投影仪来进行展示，比如，学生作业范例、新奇的物件或者任何你为了奖励今天测试最高分而设置的令人激动的奖品！让投影仪成为你课堂上的一项常规用品。

信技术慢慢融入我们的生活环境，投影仪也在不断演进，从笨重的顶部投影仪，变为通过USB接口连接的显微相机，再到配置全套最新触屏技术的交互白板。

如何运用设备：

你能够在网上买到很多款价廉物美的投影仪。我已经为我的教职员工免费派发了100部投影设备！试着去为自己寻找一款便携的投影设备吧，功能上既能抓拍照片，又能放大细节。

锦囊妙计 ★

定期拍摄学生作品，展示学生进步。

Part 11 第十一部分

课堂的尾声

Ends of Lessons

创意 84

时间填充

我的挂钟停了，我完全没了时间概念！我几乎提前10分钟下课！

积攒好的填充时间的点子，应付提前完成教学内容的情况！

你是否曾看错表或者挂钟，因而下课太早？我就有过这样的情况。稍微一分神，突然发现你会提前五分钟将二三十名学生放出教室！以下是一些用来填补五分钟空白时间的策略，任何课堂、任何科目均适用：

- 谈论一个今天的新闻话题。
- 如果你是首相，你会如何施政？
- 如果你是校长，学校的哪些制度你会予以保留，哪些你会废除？
- 开动脑筋。你擅长哪一科目？
- 提出问题，让老师回答是或否。

和课程有关的点子：

- 扔纸飞机游戏：将学生分为两组，

教学小贴士

通过教学中的观察，如果你曾经有过早下课的情况，记录下时间和节奏。积攒自己的填充时间活动表，才能运用自如，满足课堂情况需要。

分置于教室的两侧，每组学生在叠模型飞机的纸上写下今天自己学到的内容，之后将飞机抛向对面的同学。对面同学接住飞机，打开飞机并阅读纸上的内容，再抛出自己的飞机。

• 进行一次快速关键词小测试或者科目猜词游戏。

• 讨论下周、下学期乃至明年要学的内容。

• 仅仅提出封闭式的问题。问题可以是：是否型的，同意反对型的，或是一些看似愚蠢的问题。组织学生移动到教室的某个区域。

创意85

对抗疲惫

你筋疲力尽，学生也筋疲力尽，人人都筋疲力尽了！

确保照顾好自己。一名疲惫不堪的老师不可能教好30名同样疲惫不堪的学生，临近下课时尤为如此。

我们都知道教学是很耗费心血的，尤其时值考试季，或者课程作业大限将至，更不用说同教育标准办公室（Ofsted）打交道一类的事情了。我们只有照顾好自己的身体，才能充分做好准备，迎接那些最让人头疼的挑战，在课堂上从始至终保持干劲。

以下是我最核心的员工健康贴士：

1. 晚上好好睡上一觉是最好的休息。早点就寝。是的，我的意思是9点以前睡。

2. 呼吸。通过鼻腔慢慢呼吸。屏息10秒钟，然后用嘴慢慢呼气。

3. 从一个教室到另一个教室间的距

进阶练习

到了压力最大的时候，请尝试一些新鲜的点子：带领学生进行一些冥想活动。短暂地从我们身处的焦虑和恐惧中脱离出来，能够非常神奇地让我们的头脑清醒起来，实际上会让我们更加高产，工作事半功倍。

离，步行速度要低于正常速度。迟到半分钟是能够被原谅的。慢慢走，你会多一些正确的判断。

以下是我最核心的学生健康贴士：

1. 时常让你的学生休息一下。让他们将头轻伏于桌面。闭上双眼，用30秒钟思考自己一天的学习。

2. 鼓励健康饮食习惯，将其纳入你的教学计划。为学生提供水果和水，来鼓励他们活跃思考、学习。

3. 偶尔放松要求，尤其是在时间较长的学期以及暗淡的冬季。

创意
86

5分钟课堂评估

反思、回顾、斟酌。

使用5分钟课堂评估，辅以5分钟课堂计划作为课堂反思的补充规划工具。

我在同本科老师学员共事多个小时之后，发现自己年年都在重复着相同的建议，即“在你脑中营造一幅图景，呈现出你眼中学生在课堂上的行为”。此后我便想到了这个五分钟课堂计划。我找到了这种完美的模式，来帮助规划教学活动，从而实现我的建议。我同时也意识到，我也在不断重复着另一条建议，即“一份评估必须是你能照着表演出来的文件，而不是仅仅为档案夹准备的备案记录”。因此，五分钟课堂评估就应运而生了。

我的想法是让评估和5分钟课程计划一起使用（参见创意9）。评估需要格式相同，步骤简单。如何进行评估：

- 是否达到了课堂教学目标？
- 导入活动的效果如何？成功与否？
- 学生如何了解他们的起止点？你能提供哪些内容来证明？
- 哪些学习经验行之有效？为什么？你将会做哪些改善？
- 有所区分：哪些奏效？哪些没有奏效？为什么？接下来怎么办？
- 评估中学习（AfL）：你如何评估教学进步？
- 你能够评估学生的学习效果吗？
- 下次你会做哪些调整？

学生黏性

什么东西是棕色的，而且有黏性？一张便签！

坚持要求学生下课时带走你要他们带回来的东西。

教学小贴士

在观摩评论中尝试思考如何运用学生黏性方法来例证学生的进步。如果你是一位旁听者，那么你从始至终将寻找哪些内容来证明所取得的进步？如何在不使用打分或评级手段的情况下，体现出半学期跨度的教学成果？

进阶练习

让学生黏性名副其实！挑选一名学生志愿者站到教室前面。用衣夹或便利贴记录学生表现情况。学生将自己的想法写下来，贴在身体的某个部位。

试想你要教一系列的课，今天一堂，明天一堂，后天一堂。学生应该从家带回什么？当你要求学生回忆之前的知识，你期待他们如何回答？这就是学生黏性。

用以下两个点子让你的课堂有黏性！

1. 在学生离开教室之前，给他们一个神秘目标来强化学习。激励学生们在完成作业时应用这一物件，或者激励他们将物件带回课堂，将该物件纳入下节课的目标当中。

2. 在教室的墙上设置一本便签或者一块黏板。学生离开教室时撕下便利贴或者摘下物件。内容可以简单到一个关键词加一句定义；或者是一项学生需要完成的活动，完成后将结果传到网上来赢取奖励！

failsafe strategies

Part 12 第十二部分

拉下帷幕小策略

嘘——致命错误

在处理学生低水平行为时不使用“肃静”这个字眼！

通过使用其他词汇或短语来代替“肃静”，我们不仅丰富强化学生的词汇，而且能够避免使用永久消极强化来控制低水平行为。

> **锦囊妙计 ★**
>
> 考虑在课堂上使用一套声音分级要求，告诉学生每种教学活动中可以接受的声音大小。例如：
>
> 声音0级：不许讲话，专注自己的任务，安静。
>
> 声音1级：低声结对讨论。
>
> 声音2级：小组讨论。
>
> 声音3级：全班讨论。
>
> 声音4级：大声讲话，能听出是在进行“寓教于乐”活动。
>
> 和全体同学演练不同的声音等级，提醒他们一般情况下应保持的声音大小等级。

多年来，我已经厌烦了使用“肃静”或者“嘘”这样的动词。这主要是因为总会看到其他老师在晨会上、在答疑时间当中、在课堂上、当学生表现不好时就会使用这样的词语。现在你也许会反驳说，我有更重要的事情要做，集中精力办这些事更有意义，但先容我跟你解释其中原委。

这种做法来源于无条件积极尊重（UPR）。我是在拜读海威尔·罗伯斯的著作《哎呀！不经意间帮助了孩子们学习》时第一次注意到这个概念的。这个概念是由心理学家卡尔·罗杰斯提出的，说的是无论儿童行为好坏，都应对其无条件积极尊重。罗杰斯认为无条件积极尊重对儿童的健康成长尤为关键。没有受到无条件积极尊重的孩子可能消极地看待自己。无条件积极尊重能帮助孩子接受对自身的责任感。

“肃静”一词经常用于控制低水平行为。在惩罚学生时频繁使用，一般带有消极暗示。

从词汇当中去掉“肃静”一词，你就是在教学当中摒弃了一个永久消极强化词汇。

使用“肃静”一词是个致命错误！我极力要求看官下次听到自己说“嘘”的时候找个词来替换它。

创意 89

严厉的爱

我爱你，但今天没法对你笑。

试着去破除学习的障碍。考虑在课堂上进行“我爱你”游戏，来营造愉悦的气氛，甚至是解决一些更为棘手的问题。

去了解你的学生，了解他们中的每个人。无论你走进的是哪间教室，这都会成为你整个职业生涯当中最辉煌的成就。如果你能理解每个学生，即使是了解他们生活中的一个小小的片段，那我就可以向你保证，你作为老师必将备受尊重，而这个创意将成为吹拂你职业发展的一缕清风。

我，尤其是作为一名班主任，已经组织“我爱你”游戏13年了。甚至作为一名高中老师，我同周五晚上留堂的学生及面临开除处罚的学生打交道时还在使用这一方法。尽管很难做到整个课堂都贯彻这一方法，但花些时间和精力，这种

教学小贴士

“我爱你”游戏、“两颗星星一个愿望”“亲一下，踢两下”等活动都是让学生能够赞赏和批评他人工作，并接受他人批评和赞赏的绝佳方式。

方法还是可以奏效的！组织“我爱你”游戏时进行一下对话，注意保持不笑有多么困难！

老师：诺阿，我爱你，但今天我不能笑。

诺阿：我也爱你，老师。但我今天也不会笑的。

现在将这个简单的游戏做个升级：

老师：我爱你诺阿。你的（这份）作业我很满意，但我今天不能笑。

诺阿：我也爱你，老师。为了让我更爱做这份作业，我需要做（这件事），但我今天不会笑的。

进阶练习

让学生进行“我爱你”游戏：

诺阿：我爱你罗哈纳。我喜欢你的（这份）作业，但我今天不能笑。

罗哈纳：我也爱你，诺阿。为了让自己更爱做这项作业，我需要做（这件事），但我今天不会笑的。

MINT教学法

让教学保持在MINT状态。

使用人人都能明白的MINT策略来保证所有教学指令都传达得清晰明确且长短合适，这样你就再也听不见有人说“我不知道该做什么”了！

无论你处在课堂教学的哪个阶段，无论是导入、总结或者是引入课堂内容的第二个方面，只要你按MINT要求下达指令，就会消除课堂上所有“我需要做什么”一类恼人的问题。以下是MINT教学法的用法：

M=教学材料：这代表了将要用到的资源。不要将事情复杂化。例如，A3纸、铅笔、格尺、A5活页本等。

I=是否离开座位：每次活动说明这一点。例如，“你们要离开自己的座位，绕教室走，经过不同的材料”。

N=声音等级：明确可以接受的声音大小。可以使用创意88的分级方法。比

教学小贴士

做四张大幅的A3压膜海报，分别写上MINT指令的四项要求。用一幅图片来帮助学生理解活动的背景。之后可以一直使用你将用到的资源的图片，也可以将它们的内容用马克笔写在海报上。

如，“声音等级是分组低声讨论”。

T=时间：具体说明完成活动所需时间，包括最后提醒时间和结束时间。比如，“大家要在7分钟内完成。我会在最后一分钟提醒大家”。

KISS原则

保证任务简洁，笨蛋！（Keep It Simple, Stupid！）

大多数系统只要保持简洁，都能发挥最佳效果。简洁应该始终成为一项关键目标，给学生下达指令时尤其如此。

KISS是Keep It Simple，Stupid这句英语四个单词首字母的缩写，是1960年由美国海军提出的一项设计原则。KISS原则强调的是简洁应该成为所有设计的首要原则，并且一切不必要的复杂都应该避免。这一原则自然而然地融入我的教学风格中，以及多年来所有我教过的科目当中，从《艺术、食品科技及产品设计》到《历史、信息通信技术及电子学》。请运用这一简单的策略来表述你所有的教学策略和学生管理方法。

- **保证**　所有指令简洁明了！
- **任务**　只需要一两分钟来说明，列出所有关键提示和所需材料。

教学小贴士

选择一个时间和场合来运用KISS原则。从导入环节到演示环节，该原则适用于教学的全过程。

- **简洁** 指令应该长短适中。
- **笨蛋** 指令会转移注意力，常导致误解和过程的重复。

我最重要的5条勿为贴士：

1. 让一名学生加以说明，这会让KISS原则冗余拖沓。

2. 允许提问。

3. 在课程开始时就说明课程尾声的内容。

4. 超前于现状。比如，列出所有任务所需资源，其实只有一两样是当下需要的。

5. 废话连篇……

四四分组

这是来自关键阶段3美国战略的一条至理名言。

将学生四四分组，来实现这一让学生自我修改再修改的创意。

这一技巧适用于各种各样的课堂情况，比如，戏剧表演、绘画或者口头作诗、体育课演示一种投掷技巧或者是西班牙语发音练习。通过贯彻这一策略，学生能够在评估和批评自己和他人任务当中建立起信心，并能熟练地制定切实可行的改善目标。

学生四四分组，以下活动步骤由每名组员轮流完成。

- 第一步：学生甲（即所有组的第一名学生）独自尝试花5～10分钟完成任务。
- 老师给出标准，让全班同学来评价第一名学生的表现。

教学小贴士

我经常将学生预先分好组。这样，学生不但在各个阶段可以相互轮换，还能方便上收和分发。预先制定不同的表现等级区分标准，并将其引入各个阶段的评估。

- 第二步：要求学生乙评估并继续完善学生甲的任务。这意味着全体学生通过将自己的工作轮换给坐在身旁的同学来完成任务。

- 第三步：学生丙先对甲和乙的表现进行反馈，然后尝试再次修改前两名同学的工作。

- 第四步：学生丁对由学生甲起头、经学生乙和丙修改的任务做最终修改，之后将完善的最终修改版展示给小组成员和全班同学。

- 将任务作品返还给制作小组，进行重审并开展其他活动。

进阶练习

考虑将这一方法应用到各组而非个人当中，以此来培养学生的团队合作技能。请将全班同学等分为四组开始。

创意
93

保持镇定

事实就是，如果你不镇定，就很难在课堂上有上佳表现。

保持冷静，泰然自若：试着让全班同学整堂课都窃窃私语，以此来培养镇定的心态。

经过多年教学，我总结出了一些能让我血脉偾张的因素，以及自己镇定下来的最佳方式。以下建议着眼于和课堂活动相关的镇定技巧。

影响因素：

- 预计课堂教学会很艰难。
- 工作压力大，任务大限将至。
- 希望工作能有所超前，并在自己规定的时间当中完成任务。
- 饮食条件差，在学校吃的次数过多。
- 经常熬夜。
- 每周工作五六十个小时，周周如此，全年如此。

教学小贴士

建立或者加入学校的保证镇定教学小组。或上网观看一些减压视频。

解决方案：

- 上课集中精力开好头，并且平静而镇定地结束。
- 少喝咖啡和茶。
- 在桌上放一大瓶水。
- 尽早就寝。周末至少有一天10点以前就寝。
- 每周末至少休息一天。
- 关掉手机的邮件提醒。
- 找学校主抓健康的领导谈谈。没有这方面的负责人？那今天就去找校长聊聊。

进阶练习

去健身房健身或者参加一门夜校课程。一周花一天时间来做工作以外的事情，这些事必须是你喜欢做的，最重要是要有助于你休息的。这些将帮助你在白天工作时保持镇定。

锦囊妙计 ★

学会在工作中和在家说“不”。效果一试便知！

抽象创意

Abstract ideas

Part 13
第十三部分

别找借口

一句用来培养学生精神品质、激励优异表现的口号。

一份简单的期许，让它成为你班级的座右铭。

有一次，我发现一所学校操场的高墙上印着高达两米的NO EXCUSES（别找借口）标语。只要你不允许你的学生用各种各样的借口搪塞忘记完成的作业或者找各种各样的理由解释上课迟到，你就能节省出大把的时间，并开始培养一种优秀的教学及学习精神。现在，我在自己班级的教室里就悬挂着“别找借口”的标语，另外一个则贴在我教案的背面。它一直提醒着我坚持这种精神。

在每个我所带的新班级，我都会从教学伊始树立三条简明的信念，而每年“别找借口”都会成为教室中三条铁律之一。“别找借口”所宣传的并不是课堂准

教学小贴士

吃饭、睡觉、喝水及教学等每件事都要坚持“别找借口”。“别找借口”原则同样适用于你本身。身体力行方能为人师表！一定要将它视为一个信念，而不是粗暴对待未完成作业的办法。

则，而是更有积极导向作用的寄语。

再用简单的一招，就能进一步强化这一理念的成效。对学生的寄语只是最低标准。我希望我带的学生能有超预期的表现。将你的期许向学生重复三次，这样你很快就能培养出属于自己的“别找借口”式的精神品质。之后，你只要用手一指这则标语，甚至都不用开口，就能让学生断了找借口的念头（有时他甚至会还你一个微笑）！

进阶练习

同样可以组织学生讨论包括“别找借口”原则等问题。例如，和学生共同探讨哪些是“别找借口”原则的标准，将这些铁律展示在墙上。这样，学生就会有主人翁意识，很快就会考察你的行为是否符合标准要求。

请肃静

不，请肃静，老兄！

在教室中悬挂一条大幅（我是说巨幅）标语，禁止无益及侮辱性的言语！

教学小贴士

可以将“肃静”这个词替换为你所在地区使用的任何一种方言或通用词汇。

《杰出教学标准》指出，“学生要尽力保证他人能在相互尊重的气氛中学习和提高”。

“请肃静”是我所在班级的另一个座右铭。它的应用应该符合你的行为准则的大背景，或者干脆将其当作一条普适道德行为准则。我发现学生特别爱和他人说“闭嘴”，因此我禁止在课堂上使用这个词。你可以根据具体需求，将其融入任何学校及操场活动管理术语当中，保证教学连贯不间断，学生“尽力保证他人能在相互尊重的气氛中学习和提高”。

- 告诉学生为什么要保持用词标准并互相尊重。

- 使用加减分的办法来奖惩学生的行为。每次学生使用了侮辱性的言语，就扣一分。

- 突出行为的积极影响。对于那些可以在课堂上经常运用的积极词汇或关键词，要对使用它们的学生给予奖励。比如，“我能不能这样来解决问题”？还可以为更富创造性的表达额外加分！

进阶练习

简单列出你班级三条最重要的座右铭。你对每堂课的最高期许（而非规定）是什么?

漂流瓶中的信

学生们在课上都特别有热情，一天的课都结束了仍意犹未尽。

绘制一幅教室的地图，按顺序在图上各处标好线索点，以辅助学习。

从始至终都要以学生的积极参与为目标，这样才能带来快速的进步和更佳的学习效果。你有哪些提高学生参与度的策略？你能否在教学的任何环节反复应用这些策略？如何应用？提高学生参与度的策略可以包括各种激励机制。以下列出一些立竿见影的方法：

1. 将一个纸条放在透明的玻璃瓶中。这条信息可以是一次数学测验的答案或者是一个长期研究项目的解决方案和建议。考虑手写这些答案，之后在课上将纸条叠好，封入瓶中，或者还可以将另外一个合作班级发来的电子邮件打印出来，卷成卷儿，装入瓶中。

教学小贴士

花点时间来回忆一下各种你儿时想要的东西，包括那些父母当时不允许你有的东西，并在你的教案中贯彻这些点子。比如，每课一个简单的奖励，学生期末的表现会给你更满意的回报。我在多所学校看到过以下很棒的激励办法，包括墙上悬挂的自行车，以及储物柜中展示的iPod，这样的激励学生都能看到！

2. 告诉你的学生们，你要告诉他们的内容是个秘密。

3. 低语。使用夸张的面部表情，配合缓慢而有趣的手部及身体动作。

4. 让全班同学都站在桌子上，来一次《死亡诗社》style！这就是说你也不例外！

5. 将你教案中问题的答案写在一套卡片上，将卡片用信封封好。在信封上印上“绝密”二字。

锦囊妙计 ★

录制一套有关小秘密的视频日志，这样各组学生每次刨根问底的时候，你就能播放视频，给全班同学揭晓相关答案信息。视频日志还可以包括贵校其他老师对问题的解答，从而在你的教学中融入跨课程内容。

创意
97

试试你的实力

觉得自己足够强大，就来试试！

将创意复印下来，发给你的一位同事。比一比谁能完成以下全部20项任务。

觉得自己是名好老师？甚至敢说自己是一名优秀老师？敢不敢考虑接受这样的挑战：不允许使用你在日常教学中运用的一些关键资源和策略？以下就是一个抽象而相对有风向的点子，可以尝试一下。我列出了一系列的点子来测试你的教学实力。为自己和同事们安排以下一些任务，测测自己的水平。我敢打赌，你无法在三周内完成列表中的所有项目！

“试试你的实力”点子：

1. 一个相当有挑战的点子：我的学生今天不需要我来制定任何学习目标！

2. 什么交互式白板？你肯定看不到我用它。

进阶练习

进行教学时将双手绑在一起，保持在腰以下的位置！这样会鼓励你更好地通过声音和面部表情，而不是依赖双手进行沟通。

3. 在一堂课上放弃执行你所有的课堂原则。

4. 关闭教室所有的电脑！

5. 不许使用纸张。

6. 今天将由学生来做每堂课的导入。

7. 让学生们评估我的教学。

8. 本周不许使用便利贴。

9. 全天敞开教室的门。

10. 一个好点子：一周不能使用PowerPoint做演示！

11. 避免使用以下词汇：对、OK、听好、现在、安静、嘘、开始。

12. 不使用绿笔或者红笔。

13. 迷你白板。别让它们进入视线。

14. 起立。是的，你要起立！整堂课不能坐着。

15. 将所有的桌椅都搬到教室外面，在地上围成一圈坐下。

16. 活页本。今天不用，甚至整周都不用。

17. 在这堂课上，不能谈等级和分数。

18. 邀请两名老师来听课，监督你

锦囊妙计 ★

为什么不在系内组织一次挑战赛，让你的同事们在一天当中和你比试三到四项“试试你的实力”所建议的项目！这就保证了全体同学一整天都会领略有风险但又很刺激的课程。一定妙趣横生！

完成第5、7、11和15等几项任务。

19. 洗手池。今天不得使用！不要打开这些水龙头。

20. 为你的助教安排15分钟时间讲课。

把完成的点子打上钩，记录下完成的日期。

叫好又叫座

排座次表的另一种方法。

现在就行动，等学生都进教室落座以后给他们照张合影，然后继续往后读。

我曾选送过一名同事去参加一次培训活动，之后才萌生了这个想法。她递给我一份座位安排，但这可不是一份普通的座次表。这是一张教室的照片，照片上的学生都在屋里坐好了。这份座位安排的视觉内容相当有冲击力。我立刻就能对上学生的名字和长相。它要比平面的课桌式座次表好多了，本身就是一个活生生的教室。

我会想象着将自己置身于拍照时相机的位置，准备上课或者观察着全班同学，熟悉着每个人座位的位置。而表上标注的从前及当前的学生数据也为这张表增添了严肃感。表分为不同颜色的区

教学小贴士

不断更新你的座次表，它将对你大有帮助，能提醒你，学生们有了哪些进步，它会成为一名观摩老师的理想工具。

锦囊妙计 ★

娱乐一下，在期末时再拍张照片，比较一下！看看你的学生会不会为他们这一年的种种变化感到高兴或者尴尬！

域，写着各种缩写和编写教学计划及进行课堂观摩所需的全部背景信息。比如，哪些学生天赋过人，哪些学生享受学校免费餐，以及每位同学的分数预期。

- 找个每名学生坐下以后你都能看见的位置，拍张照片。想象一位观摩老师会坐在哪儿。如果一张照片无法包括全班同学，那就拍两张，再合到一起。

- 将照片上传到电脑上。

- 用笔或者在电脑上为照片里每位同学添加任何有关信息。

- 你可以加入最新评分、努力程度或者上次打家访电话的时间。发挥你的创造力！

融会贯通

想象将所有方式融合在一起！

将你的教案切分为不同的部分，在特定的时间段，把所有部分放在一顶帽子中。让学生们随机抽取一个部分。抽到的就是你要讲的！

过去几十年当中，研究逐步使用“融合学习”这一术语。融合学习是一套广受认可的教育方案，遵循这一方案的学生至少要运用三种关键方法进行学习：在线学习、移动学习和课堂学习。

线上传播的内容包含一些学生可控制的元素。但是，学生仍应到一座灰砖红瓦的学校上学，走进一间能和老师同学面对面的教室，但这一体验已经和在线及移动环境融合在一起。这就意味着学习活动能够发生在传统的教室之外，不受传统的课堂时间框架束缚，摆脱传统教室教学途径限制。

我们当中有些人已经熟知各种虚拟

教学小贴士

访问以下链接，获取由斯泰克（Staker）和霍恩（Horn）二人在2012年5月共同进行的名为“融合学习”的研究的更多详细内容：www.bit.ly/IWantToKnowMoreNow。

进阶练习

该领域最知名的专家当属萨尔曼·可汗（Salman Khan），他创立的可汗学院（www.khanacademy.org/）有一套庞大的视频资料库，包括各个学科领域和不同层次的内容。可汗学院有五百万用户，约15000个不同的课堂每月都使用可汗先生的课程，将其纳入常规教学的一部分！

学习平台、移动设备以及如何让这些接入每日的普通教学。然而，大部分人还差很远。技术在生活中的地位不断提高，更重要的是，它在学生生活中的地位不断提高。如今在线学习的机遇是千载难逢的，只是在等着人们去发现。

"融合学习"三大好处是：

1. 为数据收集和上报创造了机会。
2. 传达老师指令和教学内容。
3. 学生能更好地掌控自己的学习。

为课堂教学发推特

欢迎来到推特的世界！

创建你自己的推特账号；分享你的经验，思考如何进行杰出教学！

我是2010年开始在课堂教学中使用推特的，用的是@Ask_Mr_Mcgill（问问麦吉尔先生）这个账号。对学生来说是个很棒的复习工具。慢慢地，成功的经验传播到了学校之外。现在我用至少6个账号和超过27000名推特粉丝分享我的教学贴士和经验。

如何开始分享：

1. 先了解推特，再本着专业或课堂教学的目的创建账号。

2. 明确你创建账号的目的。是服务于一个班级，还是为各年龄段及所有课程互动开设公共账号？

3. 你要拿这个账号做什么？布置作业、分享照片，还是复习？

进阶练习

考虑通过博客分享你的教学推文。这可以成为和家长及学校其他人员沟通的渠道。事先了解贵校的信息通信相关政策。

4. 限制账号权限。

5. 和学生分享你的推特用户名。

6. 花些时间教教你的学生如何使用推特。让他们关注你的账户，但要强调你不会回粉他们。这样总体来讲是有效且理想的信息安全保险手段。

7. 想一个独特的主题标签，让某些词汇成为每条推文的互动搜索引擎。

8. 从小处做起。让全体学生登录推特，关注你的账号。之后让他们通过自己的第一条推文分享自己的学习经验。确保学生们都加了同一个主题标签，这样才能让人人都加入讨论。

9. 演示如何通过搜索主题标签来阅读一个对话中的所有信息。

10. 将整个讨论存档作为学习的见证。你可以将其打印出来或是以数字形式分享。

一定记住，学生年龄大于等于13岁才能使用推特，因此，这个点子更适合给高年级的学生使用。

“给教师的100个创意”系列丛书

1.《给幼儿教师的100个创意：幼儿园班级设计与管理》

作者：[英] 露西·皮特

书号：978-7-5153-3031-0　　定价：29.00元

从事幼儿教育充满挑战，要想在幼教领域卓越不凡就更加困难了！本书包含了100个易于实施的创意，从鼓励幼儿参与课堂教学到养成遵守规矩的习惯，从多彩的动手活动、角色扮演到数学、语文的逐步渗透等，可以瞬间让课堂活跃起来，同时，在班级里营造出平和有序的氛围和环境。

2.《给幼儿教师的100个创意：为幼升小做准备》

作者：[英] 克莱尔·福特

书号：978-7-5153-2913-0　　定价：29.90元

本书作者凭借20余年一线教学经验总结出来的100个创意活动，内容涵盖早期基础阅读—写作培训、社会技能发展，以及感官、知觉、思维和实践能力提升，能够帮助幼儿养成良好的学习习惯，习得必备的基本技能，从而顺利完成“幼升小”这一人生阶段的重要过渡，随时面对新挑战。

3.《给小学教师的100个创意：发展思维能力》

作者：[英] 史蒂夫·鲍凯特

书号：978-7-5153-2740-2　　定价：29.00元

本书通过一系列的技巧和课堂活动，向学生们展示了如何通过各种方法来进行思考，如“鞋盒人生”“提问三步曲”“金字塔计划”“可能这只手”“故事的思维网格”“棋盘游戏”……这些活动可以作为一堂课正式开始之前的预热教学，也可作为课程的主要内容。

4.《给中学教师的100个创意：如何激发学生的天赋和特长》

作者：[英] 约翰·西尼尔

书号：978-7-5153-3072-3　　定价：29.00元

50个实用教学策略，再加上50个课堂活动创意，帮助学生在课堂上开展头脑风暴、发散思维，在不埋没尖子生的同时，给普通学生留出更多提升空间，开展高效教学。这些活动覆盖了不同的主题、能力层次和课程领域，是培养和激励学生发挥最大潜力的必备工具书。

5.《给中学教师的100个创意：杰出的教学》

作者：[英] 罗斯·莫里森·麦吉尔

书号：978-7-5153-2792-1　　定价：29.90元

如何成为一名杰出教师？如何提高教学效果？如何快速活跃课堂气氛，让每一个学生都积极主动地参与学习，深入思考并大胆发言？答案就在书中。杰出教师罗斯·麦吉尔以轻松、富有激情的文笔，围绕课堂纪律管理、课程设计、课后作业、实时教学评估等基础教学展开。只需课前花上5分钟，就可以学会其中的一个教学方法。

6.《给中学教师的100个创意：快速改善学生课堂表现》

作者：[英] 约翰尼·扬

书号：978-7-5153-2896-6　　定价：29.00元

著名教师培训师约翰尼·扬，结合儿童心理、认知行为和专业管理策略，提供了100个简单、实用、高效的创意，帮助新教师和资深教师快速改善学生的偏差行为，活跃教学气氛，进而提升教学成效。例如，“扭转乾坤的对话”“走出糟糕的一课”“情绪控制按钮”“角色扮演训练”“应对突发事件的宝典”“消除紧张和焦虑”“看不见的不良行为”等。